edition suhrkamp 2571

Die USA sind die älteste (Medien-)Demokratie der Welt. Franklin D. Roosevelt unterhielt sich in den dreißiger Jahren bei den »Fireside chats« per Radio mit den Wählern, John F. Kennedy war der erste Präsident des TV-Zeitalters. 2008 kommt die nächste Medienrevolution: Barack Obama und John McCain kämpfen vor allem im Internet um Stimmen, werben auf MySpace und sammeln so Millionen an Spendengeldern und rekrutieren eine Armee von Graswurzelaktivisten. Tobias Moorstedt erkundet in seiner Reportage, wie die politische Software den demokratischen Prozess verändert. Er trifft junge Texaner, die durch das Netz mit liberalen Gedanken in Kontakt kommen, begleitet Bürger-Journalisten und spricht mit Internet-Strategen und Bloggern – den Meinungsführern des 21. Jahrhunderts.

Tobias Moorstedt, geboren 1977, besuchte die Deutsche Journalistenschule (DJS) und arbeitet als freier Autor für Tageszeitungen und Magazine.

Tobias Moorstedt
Jeffersons Erben

Wie die digitalen Medien die Politik verändern

Suhrkamp

edition suhrkamp 2571
Erste Auflage 2008

Originalausgabe

Druck: Druckhaus Nomos, Sinzheim
Umschlag gestaltet nach einem Konzept
von Willy Fleckhaus: Rolf Staudt
Printed in Germany
ISBN 978-3-518-12571-7

1 2 3 4 5 6 – 13 12 11 10 09 08

Inhalt

»This is the Moment!«

Barack Obama schreibt mir nun seit mehr als vier Monaten. Oft schickt er drei oder vier E-Mails in einer Woche, manchmal meldet er sich längere Zeit nicht, vielleicht ist er dann gerade auf Wahlkampftour in Iowa oder West Virginia, in einem ländlichen Gebiet also, wo er keinen WLAN-Empfang hat. Immer aber ist Barack Obama: herzlich, höflich, persönlich. »Tobias«, beginnt er alle seine E-Mails, »wir haben schon viel erreicht. Aber unsere Gegner haben eine mächtige Maschine hinter sich. Nur wenn wir alle zusammenhalten, können wir gewinnen. Bitte spende 25 Dollar.« In der Betreffzeile steht dann zum Beispiel »This is the Moment!« oder »The Next Big Challenge!« Obama schrieb mir im März, als ihn seine Beziehung zu Prediger Jeremiah Wright in arge Bedrängnis brachte, und er »seinen Freunden« erklären wollte, »welche Rolle dieser Mann (und die Tatsache, dass ich Afro-Amerikaner bin) in meinem Leben spielt«. Und er schrieb im Juni, als er sich eben als erster Afro-Amerikaner in der US-Geschichte die Präsidentschaftskandidatur gesichert hatte, um alle daran zu erinnern, »dass wir gemeinsam mehr erreichen können als nur einen Wahlsieg. Gemeinsam können wir dieses Land verändern – wir können sogar die Welt verändern«. Am Ende heißt es immer: »Viele Grüße, Barack«. Ich weiß natürlich, dass Obama diese Botschaften nicht selbst schreibt, vermutlich gibt es eine Abteilung in der Kampagnenzentrale, die ausschließlich mit der Mail-Produktion beschäftigt ist. Ton, Inhalt und Format der Briefe dürften das Produkt von Zielgruppenanalysen und Kosten-Nutzen-Rechnungen sein. Aber ich weiß auch: Ich bin nicht allein.

Mehr als eine Million Menschen haben sich seit Mai 2007 auf der

Webseite mybarackobama.com angemeldet. Der Demokratische Präsidentschaftskandidat nutzt dieses soziale Netzwerk zur Mobilisierung und Organisation seiner vielen freiwilligen Helfer. Und auch der Großteil der etwa 30 Millionen Dollar, die er pro Monat an Spenden einnimmt, fließt über die Webseite. In der Internet-Szene gilt Obama als Meister der Politik 2.0. »Der Kandidat Obama wäre ohne das Internet nicht möglich gewesen«, sagt zum Beispiel Simon Rosenberg, der Leiter des einflussreichen liberalen Think Tank New Democratic Network in Washington. Und der *New-York-Times*-Journalist Roger Cohen fühlt sich durch die Struktur und das rapide Wachstum der »Obama for America«-Kampagne gar an »ein klassisches Internet-Startup« erinnert. Obama ist selbstverständlich nicht der erste Präsidentschaftskandidat, der die digitale Technologie im Wahlkampf einsetzt. Howard Dean, der Demokratische Gouverneur von Vermont, hatte schon im Jahr 2004 großen Erfolg mit Weblogs und Online-Spenden und wurde durch den Internet-Hype kurzzeitig sogar zum Favoriten seiner Partei (auch wenn er am Ende deutlich gegen John Kerry verlor). Hillary Clinton kündigte ihre Kandidatur im Frühjahr 2007 exklusiv in einem Internet-Video an. John Edwards ließ seine Anhänger über die Kontaktbörse Eventful eigenständig Wahlkampftermine organisieren. Und selbst der 72-jährige John McCain, der in Interviews gerne damit kokettiert, er könne keinen Computer bedienen, betreibt auf seiner Homepage den McCainspace (allerdings sind dort nur wenige Tausend Menschen aktiv).

Als einziger Kandidat hat Barack Obama jedoch verstanden, dass das Internet nicht nur ein zusätzlicher Kanal ist, der sich neben Radio, Postwurfsendungen und TV-Spots in den »Media Mix« einfügen lässt, in die Medien-Mischung, mit denen die Werbeindustrie eine maximale Zielgruppe ansprechen will. Die digitalen Medien werden die Spielregeln der politischen Öffentlichkeit grundlegend verändern. »Offen, transparent und partizipatorisch«, nannte Obama seine Kampagne gegenüber dem *Time Magazine* und sprach damit Werte an, die – wie er selbst bemerkte – »hochkompatibel sind mit der Kultur des Internet«. Er hat verstanden, dass interaktive Werkzeuge wie E-Mails, Weblogs, Videoportale, soziale Netzwerke, Podcasts oder die ultraschnellen Kommunikationsmittel Instant Messenger und Twitter[1] nicht nur Politikern zur Verfügung stehen, sondern auch und vor allem Gewerkschaftern, politischen Aktivisten und Bürgern – allen Menschen also, die an der gesellschaftlichen Debatte teilnehmen wollen. Obama hat erkannt, dass viele Menschen sich nicht länger mit der Rolle des Onlinespenders oder Arbeitstieres für Kandidaten abfinden, sondern unabhängig agieren wollen. Sogenannte Web-2.0-Anwendungen leben ja gerade vom sogenannten »user generated content« von der Kreativität und der sozialen Energie der Nutzer, die Inhalte, Fotos und andere Dokumente zur Verfügung stellen. Im Rahmen der Politik 2.0 rückt nun der »voter generated content« in den Vordergrund. Blogger sind in den USA längst mächtige Meinungsführer; im Wahlkampf 2008 organisieren normale Bürger selbstständig Parteitreffen, sie programmieren Webseiten oder fabrizieren Videos, die große Popularität erreichen. »Digitale Medien führen unserem System neue Energie zu«, sagt Simon Rosenberg, »normale Menschen spielen mit ihren PCs eine wesentlich größere Rolle in der Politik als jemals zuvor.«

Über fünf Jahrzehnte hinweg war das Fernsehen das wichtigste politische Medium. Die Menschen saßen auf der Couch und hörten brav zu, was die Mächtigen ihnen zu sagen hatten. Alle paar Jahre stand ein kleiner Teil der Zielgruppe auf und ging wählen, machte es sich danach jedoch wieder auf dem weichen Sofa vor dem Empfangsgerät bequem – bereit für die nächste Legislatur- und Passivitätsperiode. Im Internet, dem »Peer-2-Peer«-Netzwerk, gibt es keine zentralen Knoten, zumindest in der Theorie sind also alle Teilnehmer gleichberechtigt, Sender und Empfänger zugleich. Es hat den Anschein, als wäre Bertolt Brechts Radiotheorie nach mehr als 80 Jahren doch noch Realität geworden.[2] Utopien der »interaktiven Demokratie« oder »Essembly«, Organisationsformen also, in denen wirklich jeder Einzelne an Entscheidungsfindungsprozessen teilnehmen kann, zirkulieren deshalb bereits seit der Erfindung des Internet auf den Servern und in den Köpfen der Netzpioniere. Die einflussreichen Blogger Markos Moulitsas Zúniga und Jerome Armstrong schreiben in ihrem Buch *Crashing the Gate*: »Die Kommunikationsmedien unseres Jahrhunderts unterscheiden sich grundlegend vom Fernsehen: Sie sind interaktiver, partizipativer, transparenter, persönlicher, ehrlicher, direkter, globaler und demokratischer. In einer Zeit, in der die Technologie zum Motor des Fortschritts geworden ist, sind die Menschen eher Teilnehmer als Konsumenten.«[3] Ist das demokratische Netz also wirklich viel mehr als ein Traum von Informatikstudenten und der kleinen, notorisch visionären Open-Source-Gemeinde? Funktioniert das Internet tatsächlich als digitales Gemeindezentrum, als ein grüner Pixel-Baum, unter dem die Menschen zusammenkommen, um über die besten Lösungen zu diskutieren – selbstbestimmt und frei?

Der Wahlkampf 2008 wird mehr als eine Milliarde Dollar kosten – der ungehemmte Einsatz von Geld, Manpower und Technologie macht den Kampf zwischen Demokraten und Republikanern zu einem Labor, in dem an der Zukunft demokratischer Prozesse gebastelt wird – wir sollten deshalb auf dieser Seite des Atlantiks nicht nur das bunte und lärmende Medien- und Entertainment-Spektakel bewundern, sondern uns der Tatsache bewusst sein, dass dort Methoden und Strategien erprobt werden, die im Bundestagswahlkampf 2009 wohl ebenfalls Anwendung finden könnten.

Für dieses Buch habe ich Hunderte von Webseiten aufgerufen, Links angeklickt, Flash-Animationen bewundert und mich in den Tiefen der sozialen Netzwerke verirrt. Weil es aber nicht genügt, nur die Pixel-Oberflächen zu studieren, sondern man auch die

Menschen kennenlernen muss, die diese Websites kreieren und beleben, bin ich drei Monate durch die USA gereist, um zu verstehen, welche Ideen am Anfang der Projekte standen, welche Energien sie antreiben und warum manche Applikationen funktionieren und sich rasend schnell verbreiten, andere jedoch so schnell verschwinden, wie man sie hochgeladen hat. Ich habe New York, Chicago und Washington besucht, war in dem digitalen Garten Eden der kalifornischen Bay Area und in den unkontrolliert zerfasernden Suburbs sogenannter »Megasprawls« wie Houston oder Los Angeles. Ich habe den Internet-Direktor von Barack Obama gesprochen und Programmierer, habe die Web-Strategen aufgesucht, die in Washington die Revolution des Systems planen, und den mächtigsten Blogger der USA getroffen, als er mitten in einer Anti-China-Demonstration steckte. Internet-Millionäre haben mir erklärt, was die sozialistische Agitationstheorie mit dem World Wide Web zu tun hat. Und immer und überall war ich umgeben von Studenten, Arbeitern und Angestellten – den Menschen also, die man in den USA mit ernster Miene »the real Americans« nennt, und die durch das Netz zueinander und zur Politik gefunden haben. Dieses Buch ist das Protokoll einer Reise durch die endlosen Weiten des Internet und die realen Straßen der USA, zwei Netzwerke, die dank WLAN und iPhone längst nicht mehr voneinander zu trennen sind.

Ein kleiner Hinweis noch für die Lektüre: Es empfiehlt sich, das Buch mit oder gar vor dem Computer zu lesen, die angesprochenen Videos und Websites anzusehen bzw. zu besuchen und die digitalen Spuren weiterzuverfolgen.

Es geschah im Jahr 2008

Wer wissen will, was in den Köpfen der Menschen vorgeht, was sie beschäftigt, was sie fürchten und wovon sie träumen, der muss auf die Webseite der Firma Google gehen. Dort kann man mit Hilfe des kostenlosen Dienstes Google Analytics die vielen Milliarden Suchanfragen, die jeden Tag dort eingehen, nach Trends durchsuchen. In Tabellen und Grafen wird dargestellt, wonach Menschen gerade im Netz recherchieren. Begriffe wie »Sex«, »Britney« und »NBA« waren im Jahr 2008 wie immer sehr weit vorn in der virtuellen Hitparade, aber auch die Anfragen »Barack Obama«, »Hillary Clinton« und »Presidential Campaign« finden sich auf den Spitzenplätzen. Man hat viel darüber spekuliert, warum das Interesse und die Beteiligung an den Vorwahlen 2008 so viel höher waren als in früheren Jahren. Einige Gründe liegen auf der Hand: Zum einen schaffen das Internet und die digitalen Technologien durch ihre interaktiven Potentiale tatsächlich neue Zugänge zum politischen Diskurs. Zum anderen stellten sich mit Hillary Clinton und Barack Obama gleich zwei Politiker zur Wahl, deren Kandidatur historische Ausmaße besitzt – der erste Afro-Amerikaner und die erste Frau mit einer realistischen Chance auf das Amt des Präsidenten –, was die Wählerschaft naturgemäß elektrisierte. Mit den Kriegen in Afghanistan und im Irak, der wachsenden sozialen Ungleichheit und dem Klimawandel gibt es darüber hinaus eine ganze Reihe von Themen, die die breite Bevölkerung direkt betreffen und ein Gefühl der Dringlichkeit vermitteln. Viele Amerikaner sehen die Wahl des Jahres 2008 als eine Art Kreuzung, als Grundsatzentscheidung über die zukünftige Richtung des Landes.

Der Wahlkampf 2008 erinnert viele Beobachter an den von 1968. Auch damals steckte das Land in einem teuren, blutigen und unpopulären Krieg, Rassenunruhen und soziale Probleme drohten die Gesellschaft zu spalten, und ein junger Kandidat stellte sich gegen den amtierenden Vizepräsidenten Hubert Humphrey sowie das Establishment der eigenen Partei und versprach den Wählern »ein neues Amerika«. Robert F. Kennedy propagierte den Abzug aus Vietnam und eine Erneuerung des Landes. Zu seinem ersten

Wahlkampfauftritt auf dem Campus der Universität Kansas kamen 19 000 Menschen und feierten ihn für Botschaften wie:

> »Our country is in danger: not just from foreign enemies; but above all, from our own misguided policies – and what they can do to the nation that Thomas Jefferson once said was the last, great hope of mankind. There is a contest on, not for the rule of America but for the heart of America. In these next eight months we are going to decide what this country will stand for – and what kind of men we are.«

Mit der Botschaft der Erneuerung konnte Kennedy vor allem junge Menschen und Studenten begeistern, die für den Außenseiter, den sogenannten »insurgent candidate«, in großer Zahl an der Basis arbeiteten, auf die Straße gingen und an Haustüren klopften. Das Engagement der Graswurzelaktivisten sicherte Kennedy den Erfolg – bis er am 6. Juni, zwei Tage nach seinem Sieg in den kalifornischen Vorwahlen, an den Folgen eines Attentats starb.

Barack Obama wird oft mit Kennedy verglichen – mit John F. allerdings. Dabei ähnelt seine Kampagne in vielen Aspekten dem tragischen Wahlkampf von Robert. Auch Obama gilt als *insurgent candidate*, der die erklärte Favoritin Hillary Clinton überraschend geschlagen hat, auch er steht für eine »neue Politik« und kann sich auf seine Millionen Graswurzelaktivisten verlassen, die er über das Internet organisiert. Auch Obama spricht in Universitäten und in Sporthallen vor 20 000 Menschen, und in seiner Stimme hört man das Echo einer Zeit, in der die Zukunft noch am Leben war. Bei seiner Siegesrede im Juni 2008 in St. Paul, Minnesota, sagte er: »America this is our moment – this is our time. Our time to turn the poles of the policies of the past. Our time to bring new ideas and new energies to the challenges we face. Our time to offer a new direction for this country that we love.«

Eine kurze Geschichte der Wahlkampagne

E-Mail, Google und Mobiltelefone sind im Jahr 2008 ein integraler Bestandteil des Arbeitens und Lebens. Menschen führen über Skype, Handy und Instant Messenger mehrere simultane Gespräche, organisieren spontane Treffen mit ihren Freunden über Textnachrichten und unterziehen jeden neuen Bekannten erst einmal einer routinemäßigen Google-Recherche. Alle Medien, die geteiltes Wissen schaffen oder sich zur Koordination von Gruppen eignen, sind aber auch potentielle Werkzeuge der Politik. Dass man Mobiltelefone und MySpace bislang nur selten als solche anerkennt, mag daran liegen, dass man sie vor allem der privaten oder ökonomischen Sphäre zuordnet, ist aber kein Anzeichen für ihr fehlendes demokratisches Potential. »Sozialer Wandel vollzieht sich langsamer als technologische Innovationen«, sagt der New Yorker Internettheoretiker Clay Shirky. Kommunikationswerkzeuge, so Shirky, werden »für uns Soziologen erst interessant, wenn sich Techniker schon anderen Spielzeugen zugewandt haben«[4]. Schließlich revolutioniert nicht die Erfindung eines Apparats oder Mediums die Welt, sondern dessen tatsächlicher Gebrauch. Oder anders: Erst wenn Dinge so normal und alltäglich geworden sind wie SMS, E-Mail und Google, entfalten sie ihre Wirkung. Der Politikwissenschaftler Bruce Bimber schreibt in seinem Buch *Information and American Democracy*: »Wir müssen uns klarmachen, dass eine Informationsrevolution nicht identisch ist mit einem abrupten Wandel in der Kommunikationstechnologie. [...] Aus technologischen Innovationen wird erst dann eine Revolution, wenn neue Chancen und Hindernisse im Bereich der Politikvermittlung eine andere Verteilung der Macht ermöglichen.«[5]

In der Geschichte haben neue Technologien wie die Druckerpresse, das logistische System der Post, der Rotationsdruck oder

der Rundfunk immer wieder die Art und Weise verändert, in der Menschen Informationen sammeln, austauschen und speichern. Diese Produktionsmittel sind jedoch sehr eng mit dem demokratischen Prozess verbunden, weshalb eine Medienrevolution immer auch eine Revolution des politischen Systems bedeutet. Neue Technologien erhöhen nicht nur die Reichweite, das Informationsvolumen und die Prozessgeschwindigkeit, sondern schaffen auch eine neue »Kommunikationsökologie« (Pierre Levy)[6] – ein Info-Biotop, in dem bestimmte Naturgesetze gelten, an die sich Organismen und Akteure anpassen müssen, sofern sie Erfolg haben wollen. Bruce Bimber hat die mediale Geschichte der USA untersucht und unterscheidet mehrere Informationsregimes, die sich im Laufe der Jahrhunderte abgelöst haben.

In den Gründungsjahren der Vereinigten Staaten war »ein nationaler Informationsaustausch beinahe vollkommen unmöglich«, schreibt Bimber. George Washington und Thomas Jefferson haben ihre Wähler kaum jemals persönlich gesehen, waren doch die Zentren an der Ostküste durch Wälder und Berge von der Peripherie getrennt. Nationale Parteien oder Kampagnenzentralen existierten nicht. Die grundsätzliche Frage des Wahlkampfs, wie man die Distanz zwischen Wählern und Kandidaten verringern konnte, wurde durch physischen Einsatz und Engagement beantwortet: Boten, Gemeindeschreiber oder kleine Zeitungen überbrachten die Botschaften der Politiker in die Dörfer und Siedlungen des Hinterlands. Erst nachdem der US Postal Service (1775) gegründet und die ersten Eisenbahnlinien gebaut worden waren (ein erster massiver Ausbau des Streckennetzes erfolgte zwischen 1830 und 1840), enstand ein nationales Kommunikationssystem. Gleichzeitig gewann durch die Entwicklung des Telegrafen und der Rotationspresse die amerikanische Nachrichtenindustrie an Gewicht. Das erste Informationsregime der US-Geschichte, so Bimber, ermöglichte die Entwicklung nationaler Parteien. Es entstand ein dezentralisiertes, komplexes System von Interessengruppen wie Gewerkschaften und Wirtschaftsverbänden. Andrew Jackson (1776-1845) kann als erster Medienpräsident der US-Geschichte gelten, er war bekannt für seine Nähe zu Verlegern und Chefredakteuren, holte einige von ihnen in sein Kabinett und schickte 1828 im Wahlkampf einen Bericht über seine Heldentaten im Britisch-Amerikanischen Krieg von 1812 an jeden Wähler.

Auch wenn Franklin D. Roosevelt in den dreißiger Jahren den Rundfunk ausgiebig nutzte, indem er in sogenannten »Fireside chats« die Wähler in sehr persönlichem Tonfall und einer einfachen Sprache über die Lage der Nation und die politischen Notwendigkeiten informierte, während die Menschen gleichzeitig in Kinos und durch die Wochenschauen erste Erfahrungen mit den Bildmedien machten, blieb die Eisenbahn lange eines der wichtigsten Wahlkampfmedien, die Kandidaten reisten mit dem Zug durchs Land und hielten Reden an Bahnhöfen. Noch im Jahr 1948 machte Harry Truman im Wahlkampf mehr als 31 000 Stopps an Bahnhöfen und auf Marktplätzen und wurde dabei von mehr als 19 Millionen Menschen gesehen. Vier Jahre später, mittlerweile besaßen viele Haushalte ein Fernsehgerät, konnte Dwight Eisenhower die gleiche Anzahl von Amerikanern durch eine live übertragene Pressekonferenz erreichen. Während 1948 nur ein Prozent der Amerikaner ein TV-Gerät besaßen, waren es 1956 schon 75 – Wahlkampf und Debatten verlagerten sich von Townhalls und öffentlichen Plätzen in den Äther. Damit wuchs zwar die Anzahl der potentiellen Teilnehmer, das Gefühl der geteilten Präsenz ging jedoch verloren. Als erster echter TV-Wahlkampf der Geschichte gilt das Duell zwischen John F. Kennedy und Richard Nixon im Jahr 1960, als der junge, charmante Kennedy seinen schwitzenden Konkurrenten beim ersten Fernsehduell der Geschichte alt und blass aussehen ließ. Nixon hatte sich noch nicht einmal rasiert und machte mit seinem Dreitagebart einen schlechten Eindruck – Umfragen zeigten nach dem Duell, dass Radionutzer mehrheitlich Nixon im Vorteil sahen, während Fernsehzuschauer den telegenen Kennedy bevorzugten. Das Image und der Look der Kandidaten wurden unter diesem telemedialen Informationsregime immer wichtiger – und der 30-Sekunden-Wahlwerbespot zum neuen Standard der politischen Kommunikation. TV und Radio ermöglichten es zwar, nationale Zielgruppen anzusprechen, sie setzten aber gewaltige finanzielle Mittel und technische Spezialkenntnisse voraus. Wahlkampagnen ähnelten unter diesem Regime einem mittelgroßen Konzern: Sie wurden zu einer zentralisierten, umsatzabhängigen Organisation mit festen Hierarchien sowie einem großen Angestellten-Pool. Das Ziel bestand darin, die Masse der Menschen über ein Flächenbombardement mit TV-Spots zu erreichen. Bill Clinton machte insofern auf die gleiche Art und Weise für sich Werbung wie Burger King oder Nike.

Jackson, Roosevelt, Kennedy gelten als große amerikanische Präsidenten. Es ist wohl kein Zufall, dass sie alle in Zeiten des technologischen und sozialen Wandels lebten und über ein intuitives Verständnis für neue Kommunikationsformen sowie das Talent verfügten, diese für sich zu nutzen. Die Tatsache, dass Barack Obama sich so effektiv im Web inszeniert, macht ihn natürlich nicht zwangsläufig zu einem Kandidaten für die pompöse Marmorgalerie am Mount Rushmore, er hat aber offenbar verstanden, dass die digitalen Medien ein neues Informationsregime bilden. »Technologie steigert die Komplexität sowie den Spezialisierungsgrad von Informationen und reduziert gleichzeitig die Kosten, sodass Informationen nun all jenen zugänglich sind, die daran interessiert sind, sie zu erlangen«, schreibt Bruce Bimber.[7] In der Geschichte der USA haben es die Medien charismatischen Persönlichkeiten wie Politikern oder Hollywood-Stars ermöglicht, mit einer wachsenden Masse von Menschen in Beziehung zu treten. Doch während man in Lichtspielhäusern und im Rundfunk nur ihr Bild und ihre Worte verbreiten konnte, entsteht durch die interaktiven Potentiale der digitalen Medien etwas qualitativ Neues: Nun können Wähler nicht nur via E-Mail oder einem Eintrag in ihrem Blog mit Parteien und Politikern kommunizieren, die neuen Medien erhöhen ganz grundsätzlich die Fähigkeit, Informationen zu teilen, mit anderen Menschen über große Distanzen zu kooperieren und außerhalb traditioneller Organisationen kollektiv zu handeln. Bimber prophezeit daher »den Aufstieg eines neuen, spontaneren Modus der politischen Organisation und dementsprechend veränderte Strategien«[8]. Im medialen Ökosystem des 21. Jahrhunderts kreucht und fleucht eine Unmenge neuartiger Lebensformen. Wie der politische Organismus aussehen wird, der perfekt an die neuen Bedingungen angepasst ist, kann man noch nicht vorhersagen – nur eines scheint sicher: Die Zeit des TV-Tyrannosaurus rex ist vorbei.

Hotspot der Avantgarde

Auf der Konferenz Politics Online trifft sich im Frühjahr 2008 in einem Kongress-Hotel in Washington die digitale Avantgarde: die selbst ernannten Ideologen und Ingenieure einer neuen Demokratie. In den Konferenzräumen mit Stuckdecken und dicken Teppichen konferiert normalerweise der amerikanische Mittelstand mit den Lobbyisten aus der Hauptstadt – *old politics* und *old economy*, sozusagen. Jetzt laufen Studenten, Computer-Nerds, Politik-Junkies und Investoren durch die Gänge – und tippen hektisch auf ihren Smartphones herum. An den Wänden hängen Ölgemälde und Grafiken der Monumente Washingtons, zeigen das Lincoln Memorial und das Kapitol, die mit ihren Kuppeln und Marmorsäulen aussehen wie die Burgen des Establishments, die die Blogger und Programmierer im Begriff sind zu stürmen. Die Seminare heißen

»Techno-powered fundraising«, »24 Karat Data« und »Social networking for the presidential campaign«. Man diskutiert über Web-2.0-Anwendungen in politischen Kampagnen und mobiles Marketing. In welcher Form könnte der vielbeschworene *user generated content*, also die Videos, Fotos und Texte, mit denen die Nutzer schon Seiten wie MySpace und YouTube bekannt gemacht haben, im politischen Kontext eine Rolle spielen? Wie können Nichtregierungsorganisationen und Parteien von der Kreativität und Energie der Basis profitieren? Die Konferenz ist halb Podiumsdiskussion, halb Fachmesse. Leute überreichen mir ihre Visitenkarten und wollen mehr über den »German market« erfahren. Die digitale Demokratie, das wird schnell klar, ist in Amerika nicht länger ein rührendes idealistisches Projekt, sondern *big business*. Wenn Amerikaner an etwas glauben, dann investieren sie Geld – und dann wird es ernst.

Simon Rosenberg ist einer der Vordenker der Bewegung bzw. Branche. Mit den kurzen Haaren, dem gut sitzenden Anzug und der randlosen Brille sieht er aus wie einer der vielen Gardejuristen, die selbstsicher durch die Straßen von Washington laufen, um in der Hauptstadt Karriere zu machen. Rosenberg hat 1992 in der Wahlkampfzentrale von Bill Clinton gearbeitet und später beim Democratic National Congress (DNC), dem Hauptquartier der Demokratischen Partei. Er weiß, wie in den letzten Jahrzehnten um Macht und Einfluss gekämpft wurde, und stellte irgendwann fest, »dass etwas vollkommen schiefläuft«. Rosenberg hatte es satt, »immer nur um ein paar Zehntelprozentpunkte zu kämpfen«, verließ die etablierten Demokratischen Institutionen und den üblichen Karrierepfad, und gründete die Think Tanks New Democratic Network und New Politics Network (NPN), um sein eigenes Projekt zu verfolgen: die »Demokratisierung der Demokratie«. Rosenberg gilt heute als einer der einflussreichsten Denker der amerikanischen Linken – das Magazin *GQ* wählte ihn 2007 unter die 50 mächtigsten Männer in Washington. Auf seiner Webseite erklärt er dem politischen Establishement das digitale Zeitalter: »Go mobile!«, »Involve the blogs!«, »Love the social networks!« Rosenberg sagt: »Das Netz senkt die Zugangsschranken zum politischen System.« Wenn das Fernsehen das Fenster zur Welt ist, durch das die Menschen den Politikern bei der Arbeit zuschauen können, dann ist das Internet eine Tür, die man öffnen kann, um selbst mitzumachen.

Viele Menschen haben diese Türe im Jahr 2008 geöffnet. 46 Prozent der Internet-User benutzen das Netz, um sich politisch zu informieren, fand das Pew Research Center im Rahmen des »Internet & American Life Project«, einer Studie über politische Partizipation, im Juni 2008 heraus.[9] Bei jungen Wählern unter 30 Jahren hat das Netz das Fernsehen als wichtigstes Kommunikationsmedium abgelöst. »2008 ist das erste Jahr, in dem das Netz als gleichberechtigtes Medium auftritt«, sagt Lee Rainie, der Direktor des Projekts. »Es ist der Ort, an dem die grundlegenden Debatten stattfinden.« Aber im Internet kann man nicht nur Texte lesen und Bilder betrachten, die politische Dimension des Surfens entsteht vor allem aus dem Gebrauch sogenannter »Many-2-Many«-Medien wie E-Mail, sozialen Netzwerken oder dem Instant Messenger: Laut der Pew-Studie haben 50 Prozent der Nutzer im Jahr 2008 eine E-Mail »mit politischem Inhalt oder Bezug zum Wahlkampf« verschickt oder weitergeleitet. 35 Prozent haben sich Videos auf YouTube angesehen und immerhin zehn Prozent haben die Kandidaten auf Seiten wie MySpace oder Facebook besucht. Fünf Prozent der User haben in Blogs und Foren einen Kommentar zum Wahlkampf veröffentlicht, sechs Prozent über Online-Portale für einen oder mehrere Kandidaten gespendet. Zieht man in Betracht, dass die meisten dieser Web-Applikationen erst seit wenigen Jahren auf dem Markt sind, so sind diese Zahlen erstaunlich und scheinen geeignet, Rosenbergs These von der »elektrisierenden Wirkung«

des Internet zu stützen. 28 Prozent der Befragten erklärten darüber hinaus, das Internet verleihe ihnen das Gefühl, in einem »direkteren und persönlicheren Kontakt mit den Kandidaten« zu stehen, 22 Prozent sagten, ohne das World Wide Web wären sie »weniger oder gar nicht involviert«.

Die neuen Medien und Informationswerkzeuge werden die moderne Gesellschaft nicht automatisch verbessern oder retten – sie sind eine Herausforderung, und viele Aspekte der digitalen Demokratie sollten Politiker und Wähler nachdenklich stimmen. Selbst Menschen, die das Netz als Informationsquelle und Koordinierungsinstrument nutzen, berichtet Rainie, haben im gleichen Moment Angst, das Internet könne den gesellschaftlichen Diskurs beeinträchtigen: Das Web ist nicht nur ein hervorragendes Mittel der Desinformation, es stellt überdies Konzepte wie Privatsphäre und Datenschutz grundsätzlich in Frage, und Experten warnen immer wieder davor, in Online-Communitys und Weblogs, die eine feste kollektive Identität und eine homogene Meinungsstruktur aufweisen, könnten sich extreme Ansichten herausbilden. Die Debatte bewegt sich zwischen den Polen Utopie und Horrorvision. Natürlich ist es absolut verständlich, dass Menschen angesichts einer tief greifenden Veränderung der Lebensverhältnisse wissen wollen, ob diese Prozess nun gut sind oder schlecht. Aber diese Kategorien, schreibt der Internet-Experte Clay Shirky, verlören ihre Bedeutung, wenn eine neue Weltordnung entsteht: »Das Netz ist nicht gut oder böse. Es ›ist‹.«

Jeffersons Erben

> »Kyberspace. Unwillkürliche Halluzination, tagtäglich erlebt von Milliarden Berechtigten in allen Ländern, von Kindern zur Veranschaulichung mathematischer Begriffe ... Grafische Wiedergabe abstrahierter Daten aus den Banken sämtlicher Computer im menschlichen System. Unvorstellbare Komplexität. Lichtzeilen, in den Nicht-Raum des Verstands gepackt, gruppierte Datenpakete. Wie die fliehenden Lichter einer Stadt ...«[10]

So beschrieb der Science-Fiction-Autor William Gibson 1984 in seinem Buch *Neuromancer* das damals noch fiktive globale Datennetz. Und tatsächlich fühlt man sich in der virtuellen politischen Welt der USA manchmal wie in einer unbekannten, lauten, aufregenden Metropole voller blinkender Lichter und Neonreklamen. In dieser virtuellen Stadt leben Programmierer, Strategen, Politiker, Künstler, Blogger, Intellektuelle, Träumer, Filmemacher, Medienrevoluzzer, Studenten und Aktivisten – vor allem aber »normale« Bürger. Die setzen sich am Feierabend vor den Computer, um – unabhängig von irgendeinem Hauptquartier – Aktionsbündnisse und Ortsgruppen zu bilden, die dann gemeinsam einen Weblog schreiben, der innerhalb kurzer Zeit die Dimension einer kleinen Tageszeitung oder eines lokalen Radiosenders erreicht. Oder sie produzieren mit der Software Final Cut Pro einen Wahlspot, den dann auf YouTube Hunderttausende Menschen aufrufen. Das Internet ermöglicht steile und überraschende Karrieren, und es ist schwierig, sich von der atemlosen Dynamik des Mediums sowie dem Enthusiasmus der Aktivisten nicht anstecken zu lassen. Im politischen Internet fühlt man sich oft wie ein Emigrant zu Beginn des 20. Jahrhunderts, der zum ersten Mal durch die Wolkenkratzerschluchten von Manhattan wandelt und die Welt der Zukunft erblickt – gigantische Konstruktionen, eine Architektur, die beschlossen hat, die Begrenzungen der alten Welt hinter sich zu lassen und in neue Dimensionen vorzustoßen.

Im 21. Jahrhundert können die Menschen mit Apple TV oder TiVo ihr eigenes Fernsehprogramm zusammenstellen, sie haben sich auch daran gewöhnt, im Netz nicht nur Schuhe zu kaufen, sondern bei Nike-iD gleich noch die Farbe und das Design zu bestimmen. Das Netz generiert das Gefühl, jede einzelne Stimme habe eine Bedeutung, jeder Mensch könne nicht nur seine eigene Welt erschaffen, sondern die ganze Welt verändern. Die Internet-Iideologie ist tatsächlich hochkompatibel mit Werten wie Tatkraft, Optimismus und Individualismus, also genau den Eigenschaften, die schon Alexis de Tocqueville in seinem Buch *Demokratie in Amerika* als typisch für die Bewohner Neuenglands notierte.[11] Tocqueville war bei seinen Reisen durch die Vereinigten Staaten beeindruckt von der »praktischen Vernunft« der amerikanischen Bürger, die sie in »freien Handlungsbereichen« wie Geschworenengerichten und der kommunalen Verwaltung auslebten. Diese erlebte Freiheit war für Tocqueville die Grundvoraussetzung für die Entstehung eines wahrhaft demokratischen Bewusstseins. Und fast scheint es so, als würde das Internet, diese neue *frontier* mit ihren neuen Freiräumen, mit all den Spielplätzen, Foren und Netzwerken Aspekte der amerikanischen Kultur freilegen und zum Schwingen bringen, die lange Zeit verschüttet waren. Denn wie soll man sonst erklären, dass die (politische) Aktivität im Netz in den USA so viel höher ist als in allen anderen Demokratien, die eine vergleichbar dichte Versorgung mit DSL-Anschlüssen aufweisen? Es ist eben eine uramerikanische Idee: »Just do it!« Oder: »I do it my way.«

In den USA vergleicht man das Aufkommen der digitalen Bürgerbewegung – die Rede ist vom »rise of the netroots« –, bereits mit 1968. Erstmals seit langer Zeit seien die Parteien und Interessensgruppen in Washington wieder gezwungen, sich auf eine gesellschaftliche Bewegung einzustellen. »2008 ist das politische System umgestürzt«, sagt Joe Trippi, der 2004 die legendäre Kampagne von Howard Dean leitete und 2008 John Edwards beriet: »Wir erleben die Version 2.0 der amerikanischen Revolution.« Die Blogger und Internet-Aktivisten können sicher sein, dass sie das Wohlwollen von Thomas Jefferson, dem maßgeblichen Autor der Amerikanischen Unabhängigkeitserklärung von 1776 gefunden hätten. Jefferson betonte in seinen Schriften immer wieder den Wert der Rebellion. Zufriedenheit mit dem aktuellen Regime war für ihn kein Zeichen von politischer Gesundheit, sondern von Stagnation und Lethargie, der Anfang vom Ende der öffentlichen Freiheit. Jefferson erachtete wie Tocqueville die »direkte Aktion«, die Beteiligung der Bürger an der Verwaltung, als unabdingbar für eine funktionierende Demokratie und dachte über die ideale Architektur der Partizipation nach. Eine seiner Ideen bestand darin, die Bezirke und Kreise in noch kleinere Parzellen zu unterteilen, bis zu einer Größe, die es »jedem Bürger« erlaube, »sich an politischen Entscheidungsprozessen aktiv und persönlich zu beteiligen«.[12] Michael Hardt, der amerikanische Literaturtheoretiker, der gemeinsam mit Antonio Negri den Klassiker *Empire* verfasste, schreibt in seinem Vorwort zu einer Auswahl der Briefe Jeffersons, dieser habe unter der Bevölkerung das Gefühl wachrufen wollen, jeder Bürger könne sich jederzeit an der Regierung beteiligen, nicht nur alle paar Jahre während der Wahlen: »Demokratie kann man nur lernen, indem man sie praktiziert.«[13]

Sie haben Post!

Im Juni 2008, kurz nachdem sein Sieg in den Vorwahlen endgültig feststand, schickte mir Barack Obama eine E-Mail mit einem YouTube-Link. Der Clip mit dem Titel »Barack speaks to HQ staff & volunteers« ist auf den ersten Blick ein ganz normales Internet-

Video: pixelige, unscharfe Bilder, schlechter Ton und eine wackelige Kamera mit seltsamen Einstellungen. Ein Mitarbeiter von Barack Obama hatte den Präsidentschaftskandidaten bei einem Meeting gefilmt und ein knapp 14 Minuten langes Video ins Netz gestellt: Obama steht im Hauptquartier und hält eine Rede. Die Mitarbeiter sitzen auf dem Boden und unterbrechen ihn immer wieder mit Jubelrufen und Applaus. »Ihr habt es geschafft«, sagt Obama, »die meisten von euch sind nicht einmal alt genug, um legal Alkohol zu kaufen, aber ihr habt die beste politische Organisation der letzten 40 Jahre geschaffen.« Barack Obama scheint neben dem Angriff aufs Präsidentenamt ein zweites Projekt zu verfolgen: den Aufbau einer neuen Partizipationsarchitektur, die die Leute in den politischen Prozess zurückholt. Noch bevor er seine Kandidatur ankündigte, veröffentlichte Obama im Frühjahr 2007 im Internet ein Video, in dem er seine Anhänger auf mybarackobama.com hinweist und sie auffordert, »die Seite zu nutzen, um eure Freunde, eure Nachbarn und eure Netzwerke zu organisieren«. Barack Obama arbeitete am Anfang seiner politischen Karriere als Community Organizer im Ghetto von Chicago, er versuchte, Menschen zu verbinden und auf ein gemeinsames Ziel einzuschwören. »Wir müssen uns zusammenschließen«, sagt er in dem YouTube-Video, »das ist keine Phrase. Ich glaube wirklich daran.« Obama verspricht den Menschen nicht nur eine Krankenversicherung und ein Ende des Irakkrieges, sondern auch eine Form von Politik, bei der ihre Stimme nicht ungehört bleibt. Auf seinen Plakaten steht »Hoffnung« und »Change«, der eigentliche Slogan aber heißt: »This is your campaign!« – »Das ist Euer Wahlkampf!«. Das Video wurde von 300 000 Menschen gesehen und ist das ideale Symbol für diese »interaktive Politik«. Der Politiker präsentiert sich nicht auf einer inszenierten Pressekonferenz, sondern auf einer offenen Plattform, auf der jeder seinen Auftritt kommentieren, umschneiden und verwerten kann. Das Medium ist mal wieder die Message.

Anmerkungen

1 Twitter ist ein sogenannter Mikro-Blogging-Dienst der Ende 2006 der Öffentlichkeit vorgestellt wurde. Nutzer können dort SMS-ähnliche Textnachrichten (sogenannte »Tweeds« mit maximal 140 Zeichen) versenden. Diese Nachrichten werden dann über verschiedene Dienste an alle Benutzer verteilt, die sich für das jeweilige Thema, den Autor oder die Gruppe angemeldet hatten. Twitter ermöglicht es Autoren auf einfache Art und Weise mit einer theoretisch unbegrenzten Leserzahl in Kontakt zu treten und wird in den USA oft auf Pressekonferenzen und wissenschaftlichen Symposien als Medium für den Live-Kommentar von Vorträgen genutzt.

2 Vgl. Bertolt Brecht: »Der Rundfunk als Kommunikationsapparat«, in: *Gesammelte Werke*, Bd. 18, Suhrkamp 1967, S. 127-134 (zu Brechts Theorie und ihrer Bedeutung für die politischen Blogger ausführlicher unten, S. 112f.).

3 Markos Moulitsas Zúniga/Jerome Armstrong: *Chrashing the Gate: Netroots, Grassroots, and the Rise of People Powered Politics*, Chelsea Green 2006, S. XII.

4 Vgl. auch: Clay Shirky: *Here Come's Everybody: The Power of Organizing Without Organizations*, Penguin 2008. Das Buch liefert eine gute Einführung in interaktive Internet-Phänomene wie Wikipedia und die neue Kommunikationsökologie.

5 Bruce Bimber: *Information and American Democracy: Technology in the Evolution of Power*, Cambridge University Press 2003, S. 13.

6 Vgl. Pierre Levy: *Collective Intelligence: Mankind's Emerging World in Cyberspace*, Basic Books, 1997.

7 A.a.O., S. 15.

8 Ebd., S. 18.

9 Lee Rainie/Aaron Smith: »The internet and the 2008 election«; die Studie des Pew Internet & American Life Institutes ist online verfügbar unter: {www.pewinternet.org/pdfs/PIP_2008_election.pdf} (Stand: Juli 2008).

10 William Gibson: *Neuromancer*, Heyne 1987, S. 76.

11 Alexis de Tocqueville: *Über die Demokratie in Amerika*, Bd. 1 und 2, hg. von J. P. Mayer, Reclam 1985, S. 183ff.

12 Thomas Jefferson: *The Declaration of Independence*, mit einem Vorwort von Michael Hardt, Verso 2007, S. XVIII.

13 Ebd., S. XX.

1. D.C. digital

Es war eine lange Reise, aber nun sind Thomas Gensemer und Macon Phillips endlich angekommen im Zentrum der Macht. Die Adresse ihres Büros und die Wegbeschreibung, die sie dem Besucher liefern, sind schon Beweis genug. 734 15th Street, Washington, D.C., Bezirk Capitol Hill. »Einfach die Pennsylvania Avenue entlang, am Weißen Haus vorbei und dann rechts abbiegen.« Es herrscht Hauptstadtatmosphäre: Selbstbewusste Männer in dunklen Anzügen sitzen in der National Mall auf den Holzbänken und reden mit präzisen Gesten, Handkantenschlägen und Zeigefingern, aufeinander ein. 20 Meter entfernt haben ein paar Antikriegsdemonstranten eine Zeltstadt aufgebaut, sie tragen Dick-Cheney-Masken aus rosa Gummi, scheuchen überraschte Touristen über den Rasen und rufen: »Buuuh, ich bin der böse Dick.« Polizisten und die Nationalgarde bewachen Straßensperren und Zugangswege. Schulklassen laufen aufgeregt zwischen Monumenten und Ministerien hindurch, über der Postkarten-Szenerie flattern rot-weiß-blaue Fahnen im frischen Frühlingswind.

Gensemer und Phillips gehörten zu einer Gruppe von jungen Programmierern und Studenten, die 2004 versuchten, Howard Dean, den Gouverneur von Vermont, mit Hilfe von Weblogs und Internet-Aktivismus zum Präsidenten der Vereinigten Staaten von Amerika zu machen. Durch den Hype sammelte Dean in den Vorwahlen viele Millionen Dollar und noch mehr mediale Aufmerksamkeit, am Ende unterlagen er und seine jungen Helfer aber doch dem Establishement aus »D.C.«. »Deaniacs« und »Deaniebabys« wurden die Web-Wunderkinder von der Presse genannt, verrückte Teenager und Erstwähler, die auf ihren Laptops einen magischen

Sommer lang einen politischen Sturm programmierten. Was die Politik- und Mediennomenklatura in Washington aber nicht verstanden hatte, war: Die Deaniebabys waren keine naiven Politgroupies, die die Wahlen ähnlich flüchtig-intensiv betrachteten, wie ein neues Turnschuhmodell oder die aktuelle Platte von N.E.R.D, sondern eine Alters- und Wissenskohorte, ausgestattet mit digitaler Kompetenz sowie dem Gefühl, »dass der demokratische Prozess in einer Krise steckt«, wie Gensemer sagt. Die Blogger, Programmierer, Organisatoren und Webmaster gingen nach der Wahl also nicht mit hängenden Köpfen zurück in die Hörsäle, sie blieben in Washington, entschlossen, wie sich Gensemer erinnert, »etwas Neues auszuprobieren«.

Die Hypermedien-Kampagne

Vier Jahre später sitzen Gensemer und Phillips in ihrem Büro in Washington, und auf ihren Visitenkarten stehen die Titel »Executive Director« und »Chief Strategist«. 2005 haben sie mit einigen Freunden die Firma Blue State Digital gegründet, die mittlerweile einer der Marktführer im Bereich Online-Consulting und eCampaigning ist. Der Markt boomt, Firmen wie Blue State Digital, Complete Campaign oder Election Mall werben mit »Software-Lösungen mit eingebauter Sieg-Garantie« um Kunden, Parteien, Politiker und NGOs. »Früher war der Webmaster eines Politikers der Typ, der auch die Telefone reparierte«, sagt Phillips, »erst langsam verstehen die Menschen, dass das Internet ein integraler Teil der Strategie sein muss.« Die digitalen Technokraten programmieren mehr als nur eine Webseite, liefern Werkzeuge für Community-Organizing, Fundraising und die Verwaltung von Datenbanken, die Grundlage dessen also, was der Politikwissenschaftler Philip Howard die »Hypermedien-Kampagne« nennt: »Unter politischen Hypermedien verstehe ich die integrierte Superstruktur von schneller, leistungsfähiger Hardware und Kommunikationswerkzeugen, die es Menschen erlauben, zu interagieren sowie Daten zu übermitteln und zu filtern.«[1] Online-Communitys und Datenbanken sind nicht nur eine Erweiterung des Medienapparats einer Kampagne, sondern haben tief greifende Auswirkungen auf ihre Struktur, »indem sie die organisatorischen Ziele und das Verhältnis zwischen professionellen Mitarbeitern, politischen Führern, Freiwilligen, Spendern und Bürgern verändern«.[2] Die alte Wahlkampfzentrale wird abgerissen, Gensemer, Phillips und ihre Kollegen errichten eine neue Konstruktion, legen Stein auf Stein, die Struktur wächst und nimmt langsam Formen an, noch aber kann niemand sagen, wie das Gebäude am Ende aussehen wird: wie moderne, offene Architektur, mit vielen Zugangsmöglichkeiten und einer transparenten Fassade aus Glas? Oder doch wie eine dunkle Burg, in die gerne der Big Brother einziehen würde?

Das politische Startup

Im Büroflur von Blue State Digital hängen Ausdrucke ihrer letzten Webprojekte: die Homepage der Demokraten, das Rock-Benefiz-Spektakel Live Earth, die Website von Senator Ted Kennedy – analoge Abbildungen ihrer digitalen Arbeit. Daneben hängt ein Dankesbrief von Barack Obama. Blue State Digital hat für den Senator die Webseite mybarackobama.com (siehe Kapitel 2) entworfen, ein soziales Netzwerk, in dem mehr als eine Million Anhänger organisiert sind, und mit dessen Hilfe der Kandidat allein im Vorwahlkampf einen Großteil seiner 280 Millionen Dollar an Spendengeldern eingenommen hat – das Webwerkzeug gilt in Washington längst als einer der Hauptgründe dafür, dass sich der junge Senator, der im Establishment der Partei kaum eine Lobby hatte, gegen Hillary Clinton die Nominierung sichern konnte. »Das Netz macht es einfacher, Menschen um ein bestimmtes Thema zu versammeln«, sagt Gensemer, fügt dann aber noch hinzu: »Damit wir uns richtig verstehen: Die Message muss die Menschen begeistern. Das kann die Technologie alleine nicht leisten.« Auf der Grundlage ihrer Erfahrungen im Wahlkampf 2004 haben Gensemer und Phillips das Community-Programm Partybuilder entworfen. Die Oberfläche von Partybuilder sieht aus wie ein herkömmliches Windows-Programm, mit Maussteuerung, Pull-Down-Menüs und Scroll-Leiste an der Seite. Nur, dass man damit keine buchhalterischen Aufgaben erledigt oder an einer Powerpoint-Präsentation bastelt, sondern die Online-Plattform für eine politische Bewegung erstellt – egal ob man eine Partei gründen oder die Mitgliederbasis einer Umweltschutzorganisation stärken will. »Der Webmaster legt die Grundstruktur fest«, sagt Philips. »Was kann man auf der Seite machen? Ein persönliches Profil kreieren? Chatten? Über ein Online-Formular 25 Dollar spenden?«

Die Demokratische Partei benutzt die Software beispielsweise, um die Aktivitäten von Wählern und Sympathisanten auf der lokalen Ebene zu beleben und zu verwalten. Weil in den letzten Jahrzehnten die Basisarbeit in vielen Bundesstaaten vernachlässigt wurde, und vielerorts nicht einmal mehr Büros des Democratic National Committee (DNC) existieren, können sich Liberale und Linke nun eigenständig auf der Webseite anmelden. Ein Parteiaktivist aus Montana kann dort zum Beispiel eine Homepage für seine Gruppe einrichten, mit anderen Mitgliedern über Parteiarbeit in ländlichen Gebieten reden, er kann Medienmaterial wie Poster, Sticker oder Wallpaper herunterladen, Pressemitteilungen verschicken oder die E-Mail-Listen und Datenbanken des DNC nutzen, um alle registrierten Wähler aus einem bestimmten Bezirk zu einer Veranstaltung einzuladen. Aufgaben, für die man früher ein Büro und zwei Sekretärinnen brauchte, erledigen sich quasi von selbst. »Wir bauen nicht nur Webseiten«, sagt Gensemer, »durch die neuen, interaktiven Möglichkeiten kann man die Menschen wieder näher an die Politik heranbringen«. Genau wie MySpace und YouTube lebt auch Partybuilder von der Aktivität der Nutzer, die hier eine Subpage einrichten, bloggen, in Foren diskutieren oder sich zu Aktionen verabreden – Politik 2.0.

Gensemer und Phillips tragen Jeans und Pullover, einen modischen Haarschnitt (Gensemer) oder Vollbart (Phillips), ähneln eher Grafikdesignern und Philosophie-Doktoranden denn Politprofis. Der Look passt nicht zu der Macht- und Prestigearchitektur von Washington, den hohen weißen Mauern, blinkenden Messingschildern und den stolzen Fahnen. Die Betonquader im Stadtzentrum sind so etwas wie die Verkörperung der alten, hierarchisch organisierten Institution, in der Informationen von unten nach oben wandern, um irgendwann in einem großzügigen Eckbüro bearbeitet und entschieden zu werden. Blue State Digital und ähnliche Firmen arbeiten selbstverständlich mit flachen Hierarchien und Netzwerk-Strukturen. Im Konferenzraum saust das Firmenmaskottchen, ein kleiner Spitz, herum, irgendwo läuft laut Musik. Die Szenerie erinnert an eine New-Economy-Firma aus den neunziger Jahren, als junge Menschen in T-Shirts Kickertische in Konferenzräumen aufstellten und behaupteten, die Wirtschaft funktioniere nun nach neuen Regeln. Genau wie die New-Economy-Manager sind auch die Internet-Strategen und Polit-Programmierer Teil einer Generation, die mit Computern und Handys aufgewachsen ist, digitale Technik selbstverständlicher nutzt als Hämmer und Schraubenzieher. Und auch die Worte und Werte, die in den Konzeptpapieren von Blue State Digital auftauchen, kommen einem irgendwie bekannt vor: »Tempo!« – »Wachstum!«, »Interaktivität!«. »Und genau wie auch die New Economy ein schnelles, interaktives System darstellte, in dem traditionelle wirtschaftliche Eliten auf einmal mit jungen, kreativen Startup-Unternehmen um die Aufmerksamkeit informationshungriger Konsumenten konkurrierten«, sagt Philip Howard, »wird nun auch die Politik schneller und interaktiver, und traditionelle politische Eliten müssen sich mit neuen Akteuren auseinandersetzen, die neue politische Optionen anbieten.«[3]

Politische Kommunikation lief in Washington lange Zeit nach folgendem Muster ab: Eine kleine Medien-Politik-Nomenklatura gab eine Unmenge von Geld aus, um ihre Botschaft mit Werbespots im nationalen Fernsehen und großflächigen Postwurfaktionen unter die Leute zu bringen. Die Internet-Branche und ihre Denkweise erobern nun langsam die Hauptstadt der USA. Das Vorbild sind Konzerne und Firmen, die sich mittlerweile auf den informierten und autonomen Konsumenten des 21. Jahrhunderts eingestellt haben. Klassische TV-Werbung ist auf dem Rückzug und wird zunehmend von viralen E-Mail-Kampagnen und Online-Communitys abgelöst. Die Automarke Mini zum Beispiel veranstaltete im Internet einen Wettbewerb für den besten von Nutzern produzierten Werbespot. Und der Sportgigant Nike bietet seinen Kunden im sogenannten »iD-Modus« an, ihren eigenen Schuh, inklusive Formen, Farben und Materialien, zu designen, der dann innerhalb der nächsten Wochen tatsächlich geliefert wird – Maßanfertigung für die Massen statt Massenproduktion. Indem die Konzerne die Kunden mitdenken und mitarbeiten lassen, steigern sie Aufmerksamkeit und Markenloyalität. Mybarackobama.com funktioniert nach einem ganz ähnlichen Prinzip: der Ermächtigung des Endverbrauchers. Macon Phillips sagt: »Die Welt verändert sich, und die Kommunikation verändert sich mit ihr. Es gibt immer neue Medien und Applikationen.« Die Hypermedien-Kampagne verlässt sich nicht auf alte Methoden und Geschäftsfelder, sondern ähnelt eher einer dynamischen Firma wie Google, die immer neue Anwendungen und Ideen auf ihre Webseite stellt, die teilweise noch unausgereift sind und durch das Feedback der Kunden ständig verbessert werden. »Permanently beta«, nennt man diese Organisationsform in der IT-Branche, zwischen Nutzern, Arbeitgebern und Organisationen findet ein permanenter Austauschprozess über das Design von Gütern und Dienstleistungen statt.

In den »Towers of Power«, den Korridoren der Beratungsfirmen und Strategiezentralen, die zwischen dem Weißen Haus und dem Dupont Circle liegen, herrscht Unruhe, manche Beobachter, die sich in der Stadt auskennen, sprechen gar von einem Kulturkampf. Und diesmal kämpfen nicht Demokraten gegen Republikaner, Linke gegen Rechte, sondern Internet-Technokraten gegen das Establishment, Neu gegen Alt, In gegen Out. »Die Fundraiser und die Medien merken allmählich, dass wir in ihren Revieren wildern könnten«, sagt Gensemer, »und das hat zum Teil damit zu tun, wie heute die Geldströme laufen. Online-Kampagnen bedeuten kleinere Budgets für Fernsehwerbung, wodurch wiederum die Profite der klassischen Politikberater schrumpfen.« Gensemer glaubt an Politik 2.0: Staatsbürgerliches Engagement statt Politikverdrossenheit, Kleinspender statt Lobbyisten, personalisierte E-Mail-Nachrichten statt medialem Flächenbombardement. Und die Netzstrategen erzählen nichts lieber als Geschichten von institutionellen Widerständen und individueller Verblendung, von Leuten, die »es einfach nicht kapieren wollen«. Chris Casey, der Autor des Buches *The Hill on the Net*,[4] berichtet kopfschüttelnd über die verspätete Einführung von E-Mail-Programmen im Kongress: »Der Senat leistete Widerstand. Ein alter Senator sagte: E-Mail bringt gar nichts für die Gesetzgebung. Dieses Zeug wird nur über meine Leiche eingeführt.«

Der Markt

Mit der Software und den Glasfaserkabeln der New Economy dringt auch die Sprache des Marktes in den politischen Sektor vor. Wenn sie ihre Präsentationen halten, dann verwenden die Web-Consultants von Blue State Digital und anderen Firmen verschiedene Worte für ihre Zielgruppe: »Voter«, »User«, »Client«, »Citizen« oder »Consumer«. Nicht ohne Grund nennt man den Wahlprozess in den USA ja auch »Shopping for a candidate«. Bürger und Kunde werden eins. In der politischen Sphäre wiederholt sich nun ein Prozess, der die Wirtschaft in den letzten Jahren umgekrempelt hat. Die Digitalisierung der Informationen und Prozesse, die Umwandlung von Papier, Bildern und Kommunikationsabläufen in Nullen und Einsen, führt zu einer Liberalisierung, zu Offenheit, Transparenz und einer nie da gewesenen Verfügbarkeit von Daten. Die Library of Congress in Washington zum Beispiel archiviert alle Gesetzestexte, Memos und Dokumente des Kongresses. Früher musste sich jeder, der ein bestimmtes Gesetz nachschlagen wollte, um einen Termin bemühen und selbst nach Washington kommen. Inzwischen hat die Bibliothek mehrere Millionen von Seiten in der Datenbank THOMAS online zugänglich gemacht,[5] die nicht ohne Grund denselben Namen trägt wie Thomas Jefferson, der Verfechter der aktiven Partizipation. Aber auch die politischen Interessen einzelner Menschen, die sich zum Beispiel im Konsum bestimmter Webseiten und Magazine äußern und früher in Köpfen und Eigenheimen eingeschlossen und für Außenstehende nicht einsehbar waren, werden durch Web-Monitoring und integrierte Datenbanken zu einem verfügbaren und vermarktbaren Gut.

Unabhängig von der politischen Orientierung und Parteizugehörigkeit glauben die Internet-Technokraten an die positiven Effekte der Liberalisierung, an die neuen Möglichkeiten der Infomationsbeschaffung, die den Bürgern nun offenstehen, an ein kollektives System der Checks and Balances, das die Mächtigen von Korruption und illegalen Aktivtäten abhalten wird, an die digital-liberalen Dogmen der »unsichtbaren Hand« und der »Weisheit der Vielen«, die dafür sorgen, dass sich die überzeugendste politische Position auf dem freien Markt der Ideen durchsetzen wird.

Die Internet-Szene Washingtons wird bevölkert von einer heterogenen Population von IT-Freaks, Idealisten und profitorientierten Unternehmern. Manche engagieren sich für die Umsetzung einer digitalen Variante der direkten Demokratie, andere würden auch für einen Mitgliedsstaat der »Achse des Bösen« eine Webseite programmieren – das polit-ökonomische Spektrum ist breit. Es gibt Open-Source-Aktivisten wie die Gründer der Firma Advomatic (die 2004 ebenfalls zum Team Howard Deans gehörten), die mit der freien Software Drupar arbeiten, und daran glauben, »dass sich die Menschen umso stärker engagieren, desto mehr Freiheit sie haben«. Und es gibt Opportunisten wie die Firma Election Mall, die das One-Stop-Shopping-Prinzip des Vorstadt-Einkaufszentrums in die politische Sphäre übersetzt hat, und für ihre Kunden/Kandidaten die Webseiten verwaltet, E-Mails verschickt und Spenden einsammelt – gegen eine nicht unerhebliche Provision, versteht sich. »Auf die Botschaft des Kunden«, sagt Matt Thorn, Leiter der Fundraising-Abteilung von ElectionMall, »achten wir ganz bewusst nicht. Wir bieten nur eine Dienstleistung an.« Die Seite erinnert mit ihren bunten Farben und übersichtlichen Menüs an Internet-Giganten wie Amazon und Ebay. »Mit einem Klick zum Erfolg«, heißt es da. ElectionMall ist also ein Kaufhaus, in dem man, wenn man den Namen ernst und wörtlich nehmen möchte, den politischen Erfolg, d. h. die notwendige Anzahl an Stimmen kaufen kann.

New Politics ist kein idealistisches Projekt, sondern eine Wachstumsindustrie. Blue State Digital zum Beispiel berechnet pro Monat einen sechsstelligen Betrag für das Design und Management einer Webseite. Einige prominente Figuren aus Washington wie Dick Morris, der ehemalige Stabschef von Bill Clinton, oder Mike McCurry, sein langjähriger Pressesprecher, haben eigene ePolitics-Firmen gegründet und der Branche damit beim Establishment Respekt verschafft. »Man kann kein Geschäft mit demokratischen Reformen an sich machen«, meint dazu Matt Thorn, »man muss schon für seinen Kunden gewinnen.«

Die dunkle Seite der Macht

Michael Turk, 45, ist ein Veteran vergangener Wahlkampfschlachten. Der IT-Spezialist und PR-Berater arbeitet seit Jahren für die Republikanische Partei und leitete den Online-Wahlkampf George W. Bushs im Jahr 2004. Er kennt die alte Politik, die in Hinterzimmern unter Zugabe von viel Vitamin B gemacht wurde, und hat den Nutzen der neuen Medien trotzdem längst erkannt. Turk kommt pünktlich zum Treffen im Caucus Room, einem Lobbyisten-Treff in der Nähe des Kapitols. Das Restaurant ist so etwas wie das Hard Rock Café der amerikanischen Politik. Die Wände sind verkleidet mit Schwarz-Weiß-Fotos von Präsidenten und ihren Mitarbeitern, hinter Glas werden alte Plakate, Wahlzettel und andere Polit-Souvenirs konserviert. CNN nannte das Lokal einmal den »einzigen neutralen Ort in Washington«. Michael Turk lockert die Krawatte und lehnt sich in dem braunen Lederstuhl zurück. Es war mal wieder ein harter Tag. »Die Demokraten haben zur Zeit einen Vorteil im Netz«, gibt Turk zu. Er ist einer der digitalen Meinungsführer der Konservativen und hat keinen einfachen Job: »Die Republikaner lieben Hierarchien und starre Strukturen, die ihnen das Gefühl geben, alles unter Kontrolle zu haben«, sagt er, »aber wenn man im Internet aktiv sein will, muss man Kontrolle abgeben.« Zwar hat auch John McCain im Wahlkampf ein soziales Netzwerk aufgebaut, den McCainSpace, verglichen mit dem lebhaften Aktivismus der Anhänger Obamas ist die Plattform jedoch eine Geisterstadt.

Mit seiner Krawatte und seinen gegelten Haaren steht Turk nun wirklich nicht im Verdacht, ein Anhänger einer obskuren Cyber-Ideologie zu sein. Aber er ist sich sicher, dass sich durch das Internet die klassischen Aufgaben des Wahlkampfs – 1.) potentielle Wähler identifizieren; 2.) diese dazu bringen, sich zu registrieren und 3.) sicherstellen, dass sie am Wahltag auch an die Urne gehen – wesentlich effizienter durchführen lassen. »Früher waren Wahlkampfzentralen aufgeblähte Organisationen, die von großen Spendern abhängig waren, und die versuchten, die Wähler mit ineffektiven Umfragewerkzeugen zu erreichen«, sagt Turk. »Die Hypermedien-Kampagne dagegen ist eine kleine und gemeine Kampfmaschine, die mit Hilfe der neuen Medien auf der Grundlage präziser Informationen und Vorhersagen über die Vorlieben der Wähler chirurgische Schläge durchführt.« Turk sieht das Netz nicht als Kommunikationskanal, sondern als Rechercheinstrument. »Umfragen waren immer teuer«, erklärt er, »aber durch das Internet können wir wesentlich mehr über die Leute herausfinden.« Michael Turk hat im Wahlkampf 2004 mit bis dahin nie gesehenem Aufwand eine Wählerdatenbank aufgebaut, in der alle registrierten Republikaner in Amerika mit Postleitzahl, Kontaktanschrift und politischen Prioritäten erfasst wurden. »Wenn ich weiß, wo sie wohnen, welchen Alkohol sie trinken und welches Auto sie fahren«, sagt er, »dann kann ich relativ genau voraussagen, was sie hören wollen und wen sie wählen werden.« Michael Turk lacht. Er sagt: »So einfach ist es natürlich nicht. Aber das ist das Prinzip.«

Der gläserne Bürger

Egal was Menschen mit dem Computer und im Internet machen, sie hinterlassen Datenspuren und sind anhand ihrer IP-Adresse und anderer Informationen ohne Weiteres zu identifizieren. Jeder, der wie zum Beispiel Google in der Lage ist, diese digitalen Fußabdrücke zu sammeln, einzuordnen und zu analysieren, besitzt ein interessantes Produkt für Michael Turk und seine Kollegen. Das Internet-Portal Yahoo zum Beispiel schaltet in Branchenpublikationen ganzseitige Anzeigen und wirbt damit, dass man mit den Datensätzen des Unternehmens und den »microtargeting capabilities« die Herzen und Hirne von bis zu 85 Prozent der Internet-User erobern können. Der Slogan: »Be a better campaigner – and get connected today.«[6]

Beide großen US-Parteien führen seit Jahren große Datenbanken, in denen alle registrierten Wähler verzeichnet sind. DataMart (Dem.) und VoterVault (Rep.) sollen es den Strategen in den Wahlkämpfen auf Bundes- und Landesebene erleichtern, potentielle Unterstützer zu identifizieren und zielgenaue Kommunikation aufzubauen. In den letzten Jahren ist das Angebot an verwertbaren Informationen immer größer geworden. Data-Mining-Dienstleister (der Begriff erinnert daran, dass bestimmte Informationen heute so wertvoll sind wie Gold) sammeln enorme Datenmengen über die Bürger, über ihre Interessen, ihr Konsumverhalten und ihre Krankengeschichte, werten die Daten von Kreditkartenfirmen, Volkszählungen, Versicherungen, Kundenkarten und Umfragen aus und verkaufen diese an die Werbe- oder Wahlkampfindustrie. Philip Howard schreibt: »Es ist illegal, aber trotzdem gängige Praxis, verschiedene Datenbanken zu vernetzen und so aussagekräftige Profile zu generieren.«[7] Der gläserne Wähler ist längst Realität. Wer Luxusgüter kauft, verrät, dass er gut verdient, wer bestimmte

Magazine bestellt, gibt seine Interessen und Werte preis. Michael Turk sagt: »Unsere Aufgabe besteht darin, Software bereitzustellen, mit der man diese Daten vernetzen und mit Kommunikationswerkzeugen kombinieren kann, um die Erfahrungen der Bürger zu beeinflussen.«

Wenn sich also Wähler auf der Webseite eines Kandidaten mit ihrer E-Mail-Adresse oder Mobilfunknummer registrieren, dann sucht das System in den Datenbanken nach Informationen: Wo lebt der Besucher? Wie alt ist er? Wie hoch ist sein Einkommen? Was waren seine letzten großen Anschaffungen? Die Ergebnisse bestimmen die weitere Kommunikation. Hat er Kinder, bekommt er eventuell eine E-Mail zu bildungspolitischen Themen. War er beim Militär, findet er beim Besuch der Webseite Fotos des Kandidaten in patriotischen Posen. »Tailored Message« heißt das im Fachjargon, maßgeschneiderte Botschaft. Um die Wahlaussichten zu erhöhen, haben Kandidaten schon immer unterschiedliche Botschaften an verschiedene Schichten, Milieus und Gruppen gesandt, haben beim Auftritt in ländlichen Gebieten von traditionellen Werten gesprochen und beim Dinner mit dem Industriellenverband über Steuerpolitik. Früher waren die Datensätze allerdings nicht besonders aussagekräftig, sie schlossen nur Wohnort, Alter, Einkommen und ethnische Zugehörigkeit ein. Heute sind sie persönlich, sie verraten auch etwas über Lebensstil, Selbstbild und Werte. So wird aus der Demografie die neue Wissenschaft der Psychografie.

Michael Turk ist Kritik an seiner Arbeit gewohnt, er reagiert routiniert und schnell wie ein Politiker, der sich an eingeübte Sprachregelungen hält und sagt: »Wir tun den Wählern doch einen Gefallen, indem wir sie über die Themen informieren, die sie tatsächlich interessieren.« Der zufriedene Kunde als Ideal der politischen Kommunikation? Die Vorstellung ist in mehrerlei Hinsicht problematisch. Zum einen weil nur wenige Bürger ihr Einverständnis gegeben haben, dass ihre Daten gesammelt und verwertet werden dürfen; zum anderen weil die Daten auch genutzt werden, um ihnen bestimmte Informationen zu geben und andere vorzuenthalten. Wenn alle Besucher einer Webseite einen individualisierten Content sehen, schädigt dass möglichlicherweise die soziale Textur der Gesellschaft, denn diese basiert auch auf geteilten Erfahrungen und Informationen. In der Zukunft von Michael Turk aber sehen eine Million Menschen auf einer Webseite eine Million Botschaften, ohne zu wissen, dass diese nur für sie persönlich geschaffen wurde, dass sie den Text sozusagen selbst geschrieben haben, durch ihre Lebensführung und die Datenspuren, die diese produziert. Philip Howard sagt: »Der Datenschatten ist zu einem wichtigen politischen Akteur geworden.«[8] Die digitale Technologie führt also nicht automatisch zu einer Revitalisierung und Optimierung des Diskurses. Eine gesellschaftliche Debatte über die Nutzen und Gefahren dieser Praktiken ist daher längst überfällig, doch die Menschen zeigen bislang wenig Interesse an diesen digitalen Profilen und ähnlichen Phänomenen des Computer-Zeitalters. Deshalb wird digitale Kompetenz im 21. Jahrhundert immer wichtiger werden. Philip Howard fordert nicht nur den Schutz der Privatsphäre, sondern eine umfassende Regulierung der Hypermedien-Kampagnen durch staatliche Stellen wie die Federal Election Commission (FEC): »Die Wahlkampfzentralen sollten der Öffentlichkeit mitteilen, mit welchen Technologien sie arbeiten«, schreibt er, ansonsten werde es immer schwieriger, »die demokratische Legitimität einer Wahl zu beurteilen.«[9]

Die neue Architektur der Macht

»Architektur ist Politik«, hat der Software-Guru Mitch Kapor einmal geschrieben. Das gilt sowohl für eine reale Stadt wie Washington mit ihren hohen Mauern und Sperrschranken, in der Schilder und Straßenführung einige Wege offenlassen, andere jedoch verbauen. Das gilt aber auch für die Konstruktion einer Software. »Die politische Kultur wird auch von den materiellen Aspekten der Informationstechnologie bestimmt, die die praktischen Schemata bereitstellen, die unsere Werte und Ideologien strukturieren«, schreibt Philip Howard.[10] Netzwerke und interaktive Medien verändern also nicht nur unser Arbeitsleben und Kommunikationsverhalten, sie schaffen auch Strukturen für eine neue Verteilung der Macht. Je nachdem wie und nach welchen Prinzipien die Machtarchitektur programmiert wird, können Webseiten und Datenbanken also den Bürgern neue Möglichkeiten eröffnen und effektive Rechte verleihen oder einer kleinen Elite ein mächtiges Instrument zur Konsolidierung ihrer Herrschaft an die Hand geben. »Politische Software ist nicht nur ein Markt«, sagt Thomas Gensemer, »wir bestimmen hier die Regeln, nach denen man in den nächsten Jahrzehnten über Politik reden wird. Unser Geschäft erinnert an eine permanente verfassungsgebende Versammlung«.

Am Potomac blühen im April die Kirschbäume. Der weiße Marmor strahlt. Die Straßen sind voll. Juristen, Bürokraten, Abgeordnete und Touristen laufen durch die Stadt – die Reise nach Washington ist nicht nur für Besucher aus dem Ausland Pflichtprogramm, auch Tausende Amerikaner pilgern jeden Tag in die Hauptstadt, um die nationalen Schätze im gigantischen Smithsonian Museum zu sehen, das dunkeltraurige Vietnam-Denkmal oder das Abraham Lincoln Memorial, in dessen Keller die Prinzipien der Verfassung erklärt werden. Sie kommen um zu sehen, wie es um das Land steht. Etwas abseits am Potomac liegt das Jefferson Memorial, ein kleines Gebäude mit einer Kuppel, das aussieht wie ein Tempel der Demokratie. Im Inneren steht eine riesige Bronzestatue des Autors der Unabhängigkeitserklärung und späteren dritten Präsidenten der Vereinigten Staaten. Jefferson setzte sich in seinen Schriften zeitlebens für die Mitarbeit der Bürger und den demokratischen

Geist ein. Der Begriff »Jeffersonian Democracy« oder »small ›d‹ democracy« bezeichnet in den USA noch heute all jene Politikansätze, die versuchen, Partizipation und Engagement in der Gesellschaft zu fördern, die sozusagen den »kleinen Mann« ansprechen. Die Webseite mybarackobama.com und die politischen Weblogs (siehe Kapitel 5) sind laut Thomas Gensemer insofern »Jeffersonian«, als sie es »für einfache Bürger leichter machen sich zu engagieren und zu kooperieren oder ihre Meinung zu sagen«.

Jefferson steht nun schon seit 1943 auf seinem Sockel und blickt in die Ferne. Die nahe Interstate 395 füllt den Raum mit lautem Rauschen. Man kann davon ausgehen, dass Jefferson das Engagement der Programmierer und Aktivisten geschätzt hätte. In den weißen Marmor wurden in zwanzig Zentimeter hohen Lettern Sätze aus Jeffersons Schriften eingraviert, die auch die jungen IT- und PR-Experten sofort unterschreiben würden: »Wissenschaft dient der Verbesserung der Gesellschaft« und »Information ist die Währung der Demokratie«.

Anmerkungen

1 Philip N. Howard: *New Media Campaigns and the Managed Citizen*, Cambridge University Press 2006, S. 2.
2 Ebd.
3 Ebd., S. 53.
4 Vgl. Chris Casey: *The Hill on the Net – Congress Enters the Information Age*, Academic Press 1996.
5 Online verfügbar unter: {http://thomas.loc.gov/} (Stand: Juli 2008).
6 Online verfügbar unter: {www.advertising.yahoo.com/politics} (Stand: Juli 2008).
7 A.a.O., S. 129.
8 Ebd., S. 187.
9 Ebd., S. 199.
10 Ebd., S. 3.

2. Der virtuelle Kandidat

Bis zu diesem einen Tag im Januar 2008 fühlte sich Lee Kulig oft sehr einsam. Der 29-jährige Highschool-Lehrer versteht sich zwar gut mit den Nachbarn in seinem ruhigen Vorort von Houston, Texas. Im Sommer wird im Garten gegrillt, und wenn die Baseball-Truppe Houston Astros endlich einmal wieder die Playoffs erreichen würde, dann säße man wohl zusammen vor dem Fernseher und öffnete ein paar Flaschen Bier. Lee Kulig hat kein Problem mit seinen Nachbarn, solange das Gespräch um Sport, Karriere und Kinderkrankheiten kreist, solange man nicht über Themen wie Krankenversicherung, Waffengesetze oder den Irakkrieg redet, die in der Wahlkampfberichterstattung auf Endlosrotation laufen – mit den entsprechenden Debatten-Highlights und Denk-Demarkationslinien. »Es ist nicht einfach, in Texas Leute zu finden, die so denken wie ich«, sagt Kulig. Texas ist Bush-Country, hier glaubt man an niedrige Steuern, harte Strafen, traditionelle Werte. Er lebt mit seiner Familie in einer kleinen, friedlichen Welt, Einfamilienhäuser, Vorgärten, Doppelgaragen und Palmen, am Horizont sieht man die Wolkenkratzer von Downtown. Lee Kulig sagt: »Texas ist ziemlich groß. Man kann sich darin verlieren.« 500 Meter entfernt rauscht der Southwest Freeway vorbei wie ein breiter, wilder Strom.

Im Januar 2008 schaltet Kulig wie an fast jedem Feierabend das Internet ein, er sucht, surft, schlendert durch das Netz, ruft eine Football-Webseite auf, den Blog eines Kollegen und die Homepage von BBC World. Aus einer Laune heraus klickt er die Webseiten der Präsidentschaftskandidaten an, eine kleine persönliche Studie, wie er meint. HillaryClinton.com, Mittromney.com, RonPaul.com –

Republikaner, Demokraten, politische Ich-AGs mit Umsätzen von bis zu 200 Millionen Dollar, deren Seiten mit der kommerziellen Top Level Domain ».com« enden. »Die Seiten sahen auf den ersten Blick alle gleich aus«, erzählt Kulig: lächelnde Gesichter, US-Fahnen, wilde Adler, viel Blau, Weiß und Rot. Dann tippt er mybarackobama.com ein. Auf der Webseite sieht man erst nur Schwarz-Weiß-Fotos von Obama mit seiner Frau und den beiden Kindern. »Join Us«, steht darunter – die Startseite als persönliche Einladung, Teil der »größten Graswurzelbewegung in der Geschichte der US-Politik« zu werden, Teil einer Gemeinschaft, Teil der Familie. Kulig entschließt sich, diese Einladung anzunehmen, gibt seine E-Mail-Adresse und einige persönliche Daten ein, und findet sich plötzlich in einer Web-Community wieder, einer Art Politik-MySpace, in der er auf seiner personalisierten Sub-Homepage Fotos, Daten und Gedanken – also *voter generated content* – speichern und sich mit nur einem Mausklick der Gruppe »Houston For Obama« anschließen kann, 500 Menschen, die ähnliche Gedanken und Postleitzahlen haben und sich durch die Software nun automatisch kennenlernen. Kulig erinnert sich: »Plötzlich war ich nicht mehr allein.«

www.iwantowin.com

Eine Webseite als Repräsentanz im virtuellen Raum gehört für Politiker, Parteien und andere Interessensorganisationen bereits seit mehr als einer Dekade zur Grundausstattung. Edward Kennedy war 1996 der erste Senator, der eine Webseite im Wahlkampf verwendete. Und John McCain sammelte im Jahr 2000 als erster Kandidat mehr als eine Million Dollar an Online-Spenden ein. Lange Zeit waren die Seiten jedoch recht schlichte Informationsquellen mit geringem Interaktionsgrad –»Brochureware« und »Digital Yardsigns« werden die prähistorischen Pixel-Konstrukte heute spöttisch genannt, digitale Versionen der Logos und Sticker, die während des Wahlkampfs in ganz Amerika auf Stoßstangen, Gartentoren und Ampelmasten auftauchen. Im Jahr 2008 sind die Websites der Kandidaten zu Portalen geworden, zu digitalen Gemeindezentren, Orten, an denen sich die Anhänger eines Kandidaten treffen können, um über ihre Werte und ihren Glauben zu sprechen und seine Mission in der Welt zu verbreiten. Im Wahlkampf 2008 hat die Politik den Boom der sozialen Netzwerke wie MySpace, Facebook oder LinkedIn aufgegriffen. Soziale Netzwerke verbinden den Nutzer mit Freunden, Bekannten und einer zumindest theoretisch unbegrenzten Anzahl von fremden Menschen, und machen es sehr einfach, Informationen mit diesen zu teilen. Die Politik kann von den Netzwerken vor allem deshalb profitieren, weil Menschen einer Idee gegenüber aufgeschlossener sind, wenn sie von einem Bekannten oder Kollegen an sie herangetragen wird, anstatt von einer Zeitung, einem Experten oder einer anderen entfernten Autorität. Die Webseiten von Barack Obama, Hillary Clinton und John McCain haben auf den ersten Klick viel gemeinsam: Alle sind in den Farben der Flagge gehalten, der Hintergrund ist Blau – die Farbe des Friedens. In der Kopfleiste finden sich Informationen zu der Person des Kandidaten (Lebenslauf, Familie, Hobbys, Werte) und Standpunkte (zur Bildungs-, Wirtschafts- oder Außenpolitik), unter der Rubrik »Media« kann man Fotos und Videos, Bildschirmschoner und andere digitale Fanartikel herunterladen. »Umfragen zeigen, dass es nicht die unentschlossenen Wähler sind, die politische Websites besuchen, sondern Wähler mit einer starken Parteibindung, die bereits entschiedene politische Ansichten haben«, schreibt der Kommunikationsforscher Matthew Hindman.[1] Man solle daher nicht versuchen, die wenigen Unentschlossenen von der eigenen Agenda zu überzeugen. »Bei der neuesten Generation von Wahlkampfseiten geht es vielmehr darum, diejenigen an Bord zu holen und zu motivieren, die mit sehr großer Wahrscheinlichkeit den Kandidaten unterstützen werden.«[2] Die wichtigsten Buttons und Felder auf den Webseiten heißen deshalb »Machen Sie mit«, »Spenden« und »Unterstützen Sie uns«.

Die Webseiten der Kandidaten stehen, anders als Werkzeuge wie Plakate, TV-Spots und Radiowerbung, als übergeordnetes Organisationsmedium im Zentrum der Kampagne. Mehr als eine Million Menschen sind zurzeit auf mybarackobama.com registriert. Sie holen sich hier nicht nur ihre Informationen, sondern organisieren mit Hilfe der integrierten E-Mail-Verteiler, Blogs und Chatrooms selbstständig Fundraising-Meetings und Treffen auf der lokalen und regionalen Ebene. Mehr als 10 000 sogenannte »Support«-Gruppen haben sich gebildet, die zwischen 15 und 100 000 Mitglieder umfassen. Diese tragen Namen wie »Houston for Obama«, »Texas for Obama«, »Gay People for Obama«; Afro-Amerikaner, Marines, Soulfans usw. – alle zusammen für Obama. Eine bunte Truppe, also.

»Die Webseite«, sagt Andrew Rasiej vom Blog techpresident.com, »hat ganz normale Menschen zu politischen Aktivisten gemacht. Sie ist der neue Goldstandard der politischen Organisation.« Mybarackobama.com ist keine zweidimensionale Webseite, sondern eine virtuelle Struktur, ein elektronischer Raum, der aus HTML-Seiten, Features, Texteinträgen, Fotos und Links besteht und es dem User einfach macht, sich für seinen Kandidaten und seine Interessen zu engagieren. Der *Rolling Stone* nannte die Webseite »die Message-Maschine des 21. Jahrhunderts« – und bei dieser Maschine handelt es sich nicht um ein stampfendes, dampfendes Ding aus Stahl, sondern um eine durchsichtige, federleichte Konstruktion wie aus einem Science-Fiction-Film, die gewebt ist aus sozialer Energie, Glasfaserkabeln und Licht.

Die erste digitale Kampagne

Im Januar 2003 lag Howard Dean, der Gouverneur von Vermont, im Kampf um die Präsidentschaftskandidatur der Demokraten abgeschlagen zurück, im Hauptquartier in Burlington, der Hauptstadt Vermonts mit ihren etwa 20 000 Einwohnern war die Stimmung schlecht. »Wir hatten gar nichts«, erinnert sich Joe Trippi, Deans Wahlkampfmanager, »kein Geld, keinen E-Mail-Verteiler.« Aber mittlerweile ist er froh, damals keine finanziellen Ressourcen für eine TV-Werbekampagne, einen Reklame-Zeppelin oder eine nationale Postwurfaktion gehabt zu haben. Trippi hat die Werbemedien des 20. Jahrhunderts nie sonderlich geschätzt. Er ist ein Technikenthusiast, ein Nerd, der sich die neuesten Spielzeuge – Minidisc-Player, PDAs, Hochgeschwindigkeitsprozessoren – besorgt, lange bevor sie serienreif sind. In der Stunde der größten Not kam ihm schließlich die Idee, die Versprechen der digitalen Technologie ernst zu nehmen, und die interaktiven und ganz nebenbei ziemlich kostengünstigen Potentiale des Internet endlich zu nutzen. »Unsere letzte Hoffnung bestand nun darin, die Kampagne zu dezentralisieren, nicht mehr alles von oben zu kontrollieren. Der Schwung sollte von den Leuten kommen. Wir wollten den Fluss nicht länger regulieren«, erinnert er sich heute, »deshalb haben wir die Schleusen geöffnet, um zu sehen, wohin uns die Strömung treibt.«[3] Als Erstes starteten sie einen Wahlkampf-Blog, auf dem Trippi und Dean über ihren Alltag berichteten. Um ein Gefühl der Offenheit zu schaffen, gaben sie den Lesern die Möglichkeit, die Artikel zu kommentieren, und bald sammelten sich mehr als 400 Posts unter einzelnen Einträgen. Trippi nutzte freie Software wie Meetup.com, um die Anhänger zu organisieren. Auf solchen Seiten können Menschen ihre Interessen und Postleitzahlen eintragen, die Software verbindet sie automatisch miteinander, und sie können sich in der Realität treffen. In den nächsten Monaten sollten sich mehr als 160 000 Anhänger über Meetup.com für Dean engagieren. Die größte dieser Veranstaltungen fand auf dem New Yorker Union Square statt. Es kamen 15 000 Menschen.

Vier Jahre später sitzt Joe Trippi auf einer Farm in Maryland, und wenn man dem Pathos seiner Worte glauben darf, dann spürt er tief in sich noch immer die Größe des Augenblicks. »Wir hatten eine Armee aus 600 000 bis in die Haarspitzen motivierten Anhängern. Das waren nicht Leute, die einmal bei einer Spendenversammlung Hühnchen essen, sondern Aktivisten, Glaubensgenossen.«

Joe Trippi ist ein politischer Veteran, er hat in sieben Präsidentschaftswahlkämpfen gearbeitet, ein paar Dutzend Senatoren und Gouverneure unterstützt, und man sieht ihm die Anstrengung dieser Tage an. Trippi ist 55, blass und fiebrig. Er hat Diabetes und Bluthochdruck, die Krankheit der Kampagnen-Junkies, wie er sagt, »die nicht viel gesünder leben als die Jungs im Bahnhofsviertel: kurze Nächte, lange Reisen, Fast Food. Immer habe ich mir geschworen, dass dies meine letzte Kampagne sein würde. Doch immer wieder komme ich zurück.« 2008 hat er John Edwards bei seiner aussichtlosen Bewerbung gegen Clinton und Obama unterstützt. Aber eigentlich geht es Trippi gar nicht so sehr um konkrete Kandidaten, auch nicht um programmatische Inhalte wie die allgemeine Krankenversicherung oder Steuererleichterungen für den Mittelstand. Der wahre Grund, aus dem er immer wieder zurückkommt, besteht darin, dass er eine ganz persönliche Agenda verfolgt, eine Anti-Kampagne, einen Wahlkampf gegen die traditionelle, zynische Art, Wahlkämpfe zu führen: die Massenmedien, die gemeinen TV-Spots, die Roboterstimmen, die Wähler am Telefon mit vorfabrizierten Botschaften belästigen. Trippi will »eine richtige Graswurzelkampagne, die alten Regeln brechen und dafür sorgen, dass die Leute wieder an die Politik glauben. Ich will fünf Jahrzehnte des politischen Zynismus in einer einzigen, glorreichen

Explosion des erneuerten staatsbürgerlichen Engagements umkehren«.

Howard Dean, ein Arzt und Pragmatiker, der sich selbst erst 2001 ein Mobiltelefon zulegte und nur widerwillig E-Mails schrieb, hatte die Demokratische Basis im Jahr 2003 unter Spannung gesetzt, indem er gegen die Intervention im Irak stimmte und weil er sich auf der Demokratischen Convention im Frühjahr 2004 mit den Worten vorstellte: »Mein Name ist Howard Dean, und ich vertrete den demokratischen Flügel der Demokratischen Partei.« Der Außenseiter aus dem Nordosten hatte aufgrund seiner populistischen Statements und radikalen Kritik am Krieg im Nahen Osten keine Lobby in der eigenen Partei und galt den Granden als unwählbar; die fehlende Unterstützung der Zentrale, der hierarchischen Spitze, kompensierte er durch seine selbst geschaffene Basis von Internet-Nutzern, Freiwilligen und Bloggern. »Die Blogosphäre war das Nervenzentrum der Kampagne,« erinnert sich Trippi. »Von dort bekamen wir unsere Ideen, Feedback, Unterstützung, Geld – all das, was ein Wahlkampf zum Leben braucht.« Die Erfolge von Deans Online-Kampagne waren bald messbar: 20 Millionen Dollar Spendengelder, Millionen von Klicks auf der Homepage, die Armee der Freiwilligen. Die hohen sechs- und siebenstelligen Zahlen weckten die Aufmerksamkeit der Massenmedien, schließlich sind finanzielle Superlative, Highscores im Spendensammeln, immer eine Nachricht wert. Die Reporter strömten nach Burlington, und die Nachrichten, die sie in die Welt sandten, erhöhten wiederum die Klickraten und die Spendenzahlen, es entstand eine analog-digitale Spirale, die sich immer schneller drehte. Die Kampagne gewann an Schwung bzw. an »Momentum«, wie das in den USA heißt, und Dean galt im Sommer 2003, ein gutes halbes Jahr, nachdem er in der Talsohle angekommen war, plötzlich als Favorit der Vorwahlen. In einem Blog-Eintrag schrieb Trippi im Mai 2003: »Die Werkzeuge, die Energie, die Führungskraft und der richtige

Kandidat stehen bereit. Der Wind wird immer stärker, die Wellen schaukeln sich auf, hier ensteht der perfekte Sturm.«

Es ist bekannt, wie die Geschichte endete: Howard Dean wurde im Januar 2004 bei der Vorwahl in Iowa nur Dritter und stieg kurz darauf aus dem Kandidatenrennen aus. »Der Kandidat hat verloren, aber seine Kampagne hat gesiegt«, sagt Joe Trippi heute. In der Folge machten sich immer mehr Kandidaten Deans Taktik zunutze und begannen mit sozialen Netzwerken zu experimentieren. Mybarackobama.com gilt unter den Experten in Washington als bislang überzeugendste Anwendung der neuen Technologie. Obama schaffe es, erklärt Simon Rosenberg, die Online-Technologie mit klassischer Basisarbeit zu verbinden: E-Mail-Kampagnen und Infostände in der Fußgängerzone, Laptops und Flugzettel. »So etwas hat es in der amerikanischen Geschichte noch nicht gegeben«, sagt Rosenberg, »es ist pure Magie.« Auch Joe Trippi ist beeindruckt: »Howard Dean war so etwas wie die Gebrüder Wright. Er hatte ein klappriges Ding mit Propellern zur Verfügung. Vier Jahre später landete Barack Obama auf dem Mond.«

Die Technologie bestimmt die Strategie des Wahlkampfs. Hatten Politiker bis 1950 nur eine Stimme, um Informationen und Meldungen über Boten, Zeitungen und später das Radio an die Wähler zu bringen, wurde im TV-Zeitalter das Gesicht immer wichtiger, das Image, das Bild, in dem der Wähler in Sekundenschnelle Werte und Charakter erkennen können sollte. Im 21. Jahrhundert hat der Kandidat eine Stimme und ein Gesicht, er braucht aber auch einen *space*, einen Raum, in dem sich die Anhänger treffen können und in dem sie sich wohlfühlen. Stimme – Gesicht – *space*: Die Evolution der politischen Kommunikation, an deren Ende der 3-D-Kandidat steht.

An der Basis I

Jim trifft Lee trifft Shane trifft Kelly trifft Tanisha – Studenten, Arbeiter, Professoren, Hausfrauen: Menschen, die sich sonst niemals kennengelernt hätten, finden in der Gruppe »Houston for Obama« einen gemeinsamen Nenner und ein gemeinsames Ziel. Die meisten haben sich schon lange nicht mehr in einem Wahlkampf engagiert. »Irgendwie hatte ich immer Besseres zu tun«, sagt Tanisha Everett. Und wenn man sie an ihrem Arbeitsplatz, dem Einkaufszentrum The Galeria in Houston, trifft, dann glaubt man ihr das aufs Wort. Everett arbeitet von 10 bis 17 Uhr in einem Bekleidungsgeschäft, hat dann aber nur wenig Zeit zum Reden, sie geht eilig über die endlosen Rolltreppen und durch die Glastunnel der zweitgrößten Mall der Vereinigten Staaten in die Tiefgarage zu ihrem verbeulten Auto und fährt in eine Bar, in der sie bis 23 Uhr Bier zapft und wässerige Margaritas mixt. Tanisha Everett, 32 Jahre alt, Afro-Amerikanerin, aufgewachsen in einem armen Stadtteil von Houston, muss mit zwei, drei Jobs jonglieren, um das Jurastudium am öffentlichen College zu finanzieren. Zuerst hätten ihr nur Obamas »Lebenslauf und seine Leistungen imponiert«, erzählt Everett, schließlich weiß sie, wie schwer es ist, aus bescheidenen Verhältnissen zu entkommen. Um Geld fürs Studium zu verdienen, verpflichtete sie sich Ende der Neunziger für vier Jahre bei der Armee, von einem Autounfall im Dienst hat sie ein steifes Bein behalten. Die folgenden Jahre, der Kampf um eine Behindertenrente, das Leben ohne Krankenversicherung, haben sie politisiert. »Ich will keine Revolution«, sagt sie, »es gibt aber einige Dinge, an die ich glaube: Der Staat sollte für die Bürger da sein. Er sollte sich in der Weltgemeinschaft engagieren. Er sollte sich nicht darum scheren, an welchen Gott man glaubt oder ob man Männer oder Frauen liebt.« Im November 2007 meldet sie sich bei mybarackobama.com an, wird Mitglied in den Gruppen »Afro-Americans for Obama« und »Students for Obama«. Sie sagt: »Wir haben uns lange genug rausgehalten.«

Im Februar 2008, als Obama noch durch Kalifornien und New York tourt, herrscht in der Gruppe in Houston bereits reger E-Mail-Verkehr. Mitte Februar eröffnen sie im Hinterzimmer eines Buchladens, der einem Sympathisanten gehört, ihr inoffizielles Büro – halb Fanshop, halb Parteizentrale. Als Obamas Helfer dann Ende Februar nach Texas kommen, um alles für die Vorwahlen am 4. März vorzubereiten, finden sie eine gewachsene Struktur vor. In einem Taco-Restaurant treffen sich Kampagnen-Profis und Freiwillige, es kommen allein im Bezirk 4, Houston Nordost, mehr als 100 Menschen. Das Essen ist nach einer halben Stunde weg, Obamas Strategen hatten mit viel weniger Leuten gerechnet. »Wir sind nicht gekommen, um euch zu sagen, was ihr machen sollt«, erklären sie. »Das ist eure Stadt. Das ist eure Kampagne.« Die Profis wollen von der Ortskenntnis und den sozialen Netzwerken der Sympathisanten profitieren und ernennen Lee Kulig zusammen mit 4000 weiteren Freiwilligen zu den »Texas Precinct Captains«, Bezirksmanagern, die die einzelnen Wahlkreise betreuen. »Ich kenne die Demografie«, sagt Kulig, »und zwar nicht nur die nackten Zahlen, sondern die Leute: den alten Lehrer, die Jungs von der freiwilligen Feuerwehr.« Es gibt nur eine kurze Schulung, sie lernen das Einmaleins des Wahlkampfs, bekommen Telefonlisten und Wählerverzeichnisse, dann geht es los. Kulig sagt: »Es tat gut, die Energiebasis zu spüren.«

Die Schaltzentrale

Das Hauptquartier von Barack Obama befindet sich in Chicago, genauer gesagt im Gebäude 233 auf der North Michigan Avenue, der größten Einkaufsmeile der Stadt, vergleichbar mit der Fifth Avenue in New York oder der Miracle Mile in Los Angeles. US-Fahnen und Obama-Banner flattern im kalten Wind, der über den nahen Lake Michigan in die Wolkenkratzer-Canyons hineinpfeift. In der Straße residieren die großen Firmen des Landes: Disney, Apple, Nike. Mit »Obama 4 America« hat sich nun eine weitere große Marke hinzugesellt, die den Menschen verspricht, ihr Leben könne ein besseres werden. Die Worte »Yes we can«, die Barack Obama immer wieder auf seinen Wahlkampfveranstaltungen ruft, sind ein Slogan wie »Just do it« oder »I'm lovin' it«. Barack Obama führt eine »gebrandete« Kampagne, sein kreisrundes Logo ist auf Tassen, T-Shirts und Aufklebern zu sehen, ein O, das der Sonne gleicht, die über den amerikanischen Ebenen aufgeht. Der American Dream in neuer Verpackung.

Obamas Headquarter ist in einem der vielen Bürotürme der Stadt untergebracht, man teilt sich die Immobilie mit Investmentbanken und Anwaltskanzleien. Das Gebäude ist ein autarkes Business-Raumschiff, in den unteren Stockwerken ist ein Hilton Hotel integriert, es gibt Restaurants, einen Friseur und einen Supermarkt. In der Lobby stehen Männer mit Anzügen und Ausweisen um den Hals – die Sicherheitsstufe ist hoch. Nur manchmal schlurfen ein paar Jugendliche in T-Shirts, Sakkos und Turnschuhen herum. Sie gehören mit großer Wahrscheinlichkeit zu Joe Rospars. Rospars (26) hat 2004 für Howard Dean gearbeitet und ist jetzt Obamas New Media Director. »Die große Kraft des Internet ist es, Menschen zusammenzubringen«, erklärt er, Menschen aus allen Schichten und Regionen, die sich vor zehn Jahren niemals getroffen hätten, Menschen, die sich wie Lee Kulig oder Tanisha Everett längst von der Politik abgewandt hatten, »weil sich ja ohnehin nichts ändert«. Mybarackobama.com versammelt die verschiedenen politisch relevanten Instrumente des Internet: E-Mail-Gruppen, Weblogs, Chatrooms, Videodatenbanken, Geomapping, die Möglichkeit,

mit der Kreditkarte zu spenden. »Wir haben diese Werkzeuge der Öffentlichkeit zur Verfügung gestellt«, sagt Rospars. »Wir haben unseren Anhängern gesagt: Nehmt sie euch!«
Auch für die interne Organisation nutzt Rospars Team Wikis, Spreadsheets und andere Programme, die Kooperation erleichtern, ohne dass jeder Schritt von oben zentral überwacht werden müsste. Der Open-Source-Gedanke ist laut David Axelrod, dem Kampagnenchef von Barack Obama, nicht nur Wahltaktik, sondern spiegelt auch den Politikbegriff des Senators wieder. »Barack hat uns gesagt, dass die Kampagne für die Menschen zu einem Vehikel des Engagements werden soll. Die Leute sollen an ihr teilhaben. Das ist einfach die Organisationsform, an die er glaubt«, meint Axelrod in einem Interview mit dem *Rolling Stone*. »Um das klar zu machen: Er glaubt *wirklich* daran.«
Obamas Karriere begann in den achtziger Jahren als Sozialarbeiter in den Ghettos von Chicago, immer wieder erinnert er an diese Zeit, in der er als Community-Organizer die denkbar beste Ausbildung für einen harten Wahlkampf bekommen hat: Der Elitejurist klopfte an Türen, fragte die Menschen, wo sie der Schuh drückte, hörte zu, verteilte Flugblätter, organisierte Demonstrationen und Stadtteilversammlungen. Er rettet nicht die Welt, sorgte aber immerhin dafür, dass in den Straßen des Ghettos Schlaglöcher repariert, ein Park hergerichtet wurde und die Stadt asbestverseuchte Arbeiterwohnungen sanierte. Es war eine andere Zeit, eine Zeit ohne Internet und Mobiltelefon. Doch damals lernte Obama laut Axelrod, dass man den Lauf der Dinge nur verändern kann, wenn man die Menschen dazu bringt, sich selbst um ihre Probleme zu kümmern, aktiv für die eigenen Interessen einzustehen. Dieses Programm funktioniert auch in der großen Politik. Nur sind die Communitys, die Obama heute organisiert, ein wenig gewachsen.

Spendensammeln

Wandel? Hoffnung? Gemeinschaft? »Die Geschichte von Obamas Erfolg handelt auch von Geld«, schrieb das Magazin *The Atlantic* im Juni 2008, »seine Erfolge im Spendensammeln haben es ihm erst ermöglicht, mit der mächtigsten Familie der Demokratischen Partei auf Augenhöhe zu kämpfen – und sie dann zu überholen, eine Familie, die sich der Macht des Geldes in der Politik bewusst ist und ein Netzwerk von reichen Spendern kontrolliert, das die Demokraten in den letzten Jahren finanziert hat.« Das Internet hat in nur wenigen Jahren die Art und Weise revolutioniert, mit der in den USA Spenden gesammelt werden. Laut dem McCain-Feingold Act, der seit 2004 die Kampagnen-Finanzierung regelt, darf ein Bürger maximal 2300 Dollar für einen Politiker spenden. Die Kandidaten versuchten lange Zeit, möglichst viele maximal hohe Spenden zu sammeln, indem sie beispielsweise eines der legendären Fundraising-Dinner veranstalteten, bei denen ein mittelklassiges Menü genau 2300 Dollar kostet, wobei man nicht nur für Maishähnchen und Rotwein bezahlt, sondern auch für die Präsenz des Kandidaten. Routinierte Fundraiser wie Bill Clinton oder George W. Bush erledigen mehrere solche Termine an einem Tag und unterhalten ein Netzwerk von reichen Freunden, Geschäftsleuten und Lobbyisten, das sie in jedem Wahlkampf erneut aktivieren. Der politisch-industrielle Spendenkomplex wurde von sogenannten »Bundlers« dominiert, einflussreichen Politakteuren mit guten Verbindungen, die mit dicken Rolodex und Adressbüchern eine große Zahl von reichen Spendern »bündeln« können – George W. Bush gab den semiprofessionellen Spendensammlern 2004 je nach Ertrag Titel wie »Pioneer« oder »Ranger«. Bis 2004, so steht es im Buch *The Buying of the President*, hat das eine Prozent der reichsten Amerikaner für mehr als 80 Prozent der politischen Spenden gesorgt. Die Arbeiterklasse und die Mittelschicht wurden von Parteien und Politikern jedoch weitgehend ignoriert.[4]

Als Barack Obama im Herbst 2006 seine Kandidatur vorbereitete, hatte er keinen Zugang zu den entscheidenden Netzwerken in Hollywood oder unter New Yorker Investmentbankern, jenen Milieus also, die traditionell die Demokraten unterstützen. Obama fand seine Fans und Sponsoren im Silicon Valley und in der Bay Area bei San Francisco, dem Technologie-Mekka im reichsten Teil des reichsten Bundesstaates der USA. Vielleicht erinnerte der junge Senator die Internet-Unternehmer und Venture Capitalists ja an ein Startup-Projekt, er hatte ein gutes Image, ein richtungsweisendes Konzept, aber keine Infrastruktur. So hatten auch die Gründer von Google, YouTube und Facebook angefangen. Wichtiger als das Geld, das aus dem Silicon Valley in die Obama-Kampagne floss, waren jedoch die Technologie und das Ethos der digitalen Welt.

Mybarackobama.com ist ein effektives Fundraising-Werkzeug, »eine beeindruckende Gelddruckmaschine« nannte *The Atlantic* die Seite. Mit einem Klick auf den Button »Donate«, der gleich fünf Mal auf der Seite zu finden ist, gelangt man auf ein Webformular, in das man nur noch einen Betrag und die entsprechenden Kreditkartendaten eingeben muss. *Click and pay* – die Menschen haben sich in den letzten zehn Jahren auf Amazon und iTunes an Online-Shopping und -Bezahlsysteme gewöhnt. 2008 nahm Obama so jeden Monat über 20 Millionen Dollar ein, den Rekord stellte er im Februar auf, als sein Hauptquartier ein Spendenaufkommen von 55 Millionen Dollar meldete – 45 davon kamen über das Internet. Seit sie erst einmal richtig in Fahrt gekommen ist, läuft die Gelddruckmaschine, und der Kandidat musste dafür kein Fundraising-Dinner besuchen. Der Vorteil des Reichtums ist nun, dass er sich auf andere Dinge konzentrieren kann. Rospars und seine Kollegen aus dem New Media Department entwickelten immer wieder innovative Spendenmodelle, etwa die Abospende, bei der jeden Monat ein fester Betrag von der Kreditkarte abgebucht wird. Das soziale Netzwerk macht jeden, der es will, zu einem potentiellen *bundler*. Viele Mitglieder von mybarackobama.com haben sich verpflichtet, eine bestimmte Summe aufzutreiben, sie aktivieren ihre Freunde und Verbindungen – ein Thermometer auf ihrer persönlichen Unterseite misst den Erfolg.

Hillary Clinton und John McCain begannen erst im Frühjahr, ihre Anhänger am Ende jeder ihrer Reden zu bitten, doch auf die Webseite zu gehen und eine Spende zu tätigen. Im Mai lancierte die Clinton-Kampagne eine Seite, auf der potentielle Spender bestimmen konnten, für welchen Zweck ihr Geld ausgegeben werden soll (für Online-, TV- oder Radiowerbung etc.). Eine innovative Idee, die allerdings zu spät kam. Hillary Clinton hatte sich zu sehr auf das Netzwerk ihrer reichen Anhänger verlassen, die im Verlauf des langen und extrem teuren Vorwahlkampfs allerdings bald alle die maximale Summe von 2300 Dollar gespendet hatten – die Geldquelle trocknete allmählich aus. Obama hingegen konnte bis Juli 2008 mehr als 1,5 Millionen einzelne Spender gewinnen und mit E-Mails, SMS und Anrufen (»Will you please donate 25 Dollar«) immer wieder neue Einnahmen generieren. Laut der Berichte, die Obamas Team jeden Monat bei der FEC abliefert,[5] waren 94 der Spenden kleiner als 200 Dollar – der entsprechende Wert Hillary Clintons lag bei 26, der von John McCain nur bei 13 Prozent. Obama hat im Zeitraum zwischen März 2007 und Juli 2008 etwa 280 Millionen Dollar eingenommen und damit mehr als George W. Bush im gesamten Wahlkampf 2004. Das Konzept der vernetzten Kleinspender ist der altmodischen, elitefixierten Variante eindeutig überlegen. Das soziale Netzwerk verschaffte dem Außenseiter eine Infrastruktur, mit der er Zuneigung und Interesse in Geld und Arbeit umwandeln konnte – etwas, das anderen *insurgent candidates* wie Gary Hart oder auch John McCain im Jahr 2000 gefehlt hatte – nicht umsonst heißt es auf mybarackobama.com, seine Kandidatur sei die erste in der Geschichte des Landes, die wirklich vom Volk finanziert werde.[6]

Der Long Tail der Politik

Im US-Wahlkampf gab es traditionell eine klare Aufteilung zwischen dem »frontrunner« und dem sogenannten »rest of the pack«, dem Führenden und dem Feld. Die Sportmetapher trifft den Punkt: Der Favorit im US-Wahlkampf muss sich fühlen wie ein Marathonläufer, der gerade dem Feld einteilt ist und nun die leere Straße vor sich hat, den frischen Wind im Gesicht. In solchen Situationen geht, so berichten es die Athleten, »alles wie von selbst«, der Sauerstoffgehalt stimmt, die Muskeln arbeiten gut, der Tank ist voll mit Glucose und Adrenalin. Der Führende bekommt den meisten Beifall, darf beim Buffet mit Wasser und Bananen als Erster zugreifen. Auch im Wahlkampf berichten die Medien vor allem über den aktuellen Spitzenreiter und steigern so seine Bekanntheit immer weiter. Je mehr berichtet wird, desto stärker konzentrieren sich die Spender auf den Kandidaten, jeder Rekord ist eine Nachricht, der erneut die Spenden nach oben treibt. Amerikaner bezeichnen diesen sich selbst verstärkenden Prozess gern als *momentum* – als Gegenteil des Teufelskreises.

Politik und Wirtschaft funktionierten im Zeitalter der Massenmedien nach demselben Prinzip: Die großen Player und Marken teilten den Markt unter sich auf, für alle anderen blieben nur Nischen und Krümel. Kandidat A und Kandidat B, Pepsi und Coca-Cola, Burger King und McDonalds, General Motors und Ford. Die Größe der Organisation und der Füllstand der Kriegskasse waren ein klarer Vorteil: Wer mehr Geld hatte, konnte mehr TV-Spots schalten, erreichte mehr Wähler und bekam mehr Stimmen. Das sogenannte »presidential race« wurde von einer politischen

Auseinandersetzung, bei dem man die Wähler mit Argumenten überzeugen musste, zu einem Wettbewerb darum, wer am meisten Geld von großen Firmen, Lobbyisten und reichen Privatpersonen auftreiben konnte. Zwischen 1976 und 2000 gewann bei Demokraten und Republikanern immer der Kandidat, der am meisten Geld eingesammelt hat, schreibt Charles Lewie in *The Buying of the President*: »Das Rennen um das Weiße Haus war meistens schon mehr oder weniger entschieden, bevor irgendwelche Wahlzettel in den Urnen landeten.« Das Internet schafft aber eine vollkommen neue Kommunikationsökologie und verändert die Machtverteilung. Im Web kann auch eine kleine Firma, die keine Marketingabteilung und keine Ressourcen für nationale Kampagnen hat, ihre Zielgruppe erreichen. Chris Anderson, der Chefredakteur der Zeitschrift *Wired*, hat dieses Phänomen in dem Buch *The Long Tail* beschrieben.[7] Unbekannte Bands können sich auf MySpace präsentieren. Fotografen verkaufen ihre Werke über die Bilderbörse FlickR. Und Amazon bietet nicht nur die wenigen Bestseller an, die bei Oprah Winfrey vorgestellt werden, sondern auch eine riesige Zahl von Titeln kleiner Verlage und unbekannter Autoren. Weil diese Nischenprodukte nun auf einem globalen und damit unbeschränkten Markt gehandelt werden, kann man mit ihnen profitable Geschäfte machen. Anderson zeigt, dass einige wenige Produkte die Spitzen der Umsatzkurve ausmachen, die dann zwar abflacht, aber nicht wie früher gegen null geht, sondern auf niedrigem Niveau weiter läuft – The Long Tail.

Diese Mechanismen verändern nach der Kulturindustrie nun auch die Politik. Natürlich haben inzwischen alle Kandidaten ihre Seiten auf MySpace und Facebook, aber vor allem die Kandidaten der zweiten Reihe, die wenig Spenden und Medienaufmerksamkeit bekommen, haben hier die Chance, mit den Wählern in Kontakt zu treten. Barack Obama hat 420 000 Freunde auf MySpace, 1 100 000 Kontakte auf Facebook, und wer auf FlickR nach Fotos des Senators sucht, bekommt über 33 000 Treffer – mit solchen Werten lässt er die gesamte Konkurrenz weit hinter sich.[8] An zweiter Stelle folgen dann aber nicht Hillary Clinton oder John McCain, sondern Ron Paul, ein Republikanischer Kongressabgeordneter, der nach 1988 zum zweiten Mal antrat, dieses Mal mit einigem Erfolg: Ron Paul konnte bei den Vorwahlen seiner Partei bis zu zehn Prozent der Stimmen einsammeln. 1988 war er kaum in den zählbaren Bereich gekommen. »Die Medien haben mich damals ignoriert. Sie haben meine Ideen ignoriert. Ich existierte nicht«, sagt Paul der *New York Times*. Genau 20 Jahre später trat er mit denselben Botschaften an: »Keine föderalen Steuern«, »Kein militärisches Engagement im Ausland«. Hatte der Kandidat 1988 gerade einmal 2,4 Millionen Dollar an Spenden eingenommen, waren es nun sechs Millionen – an einem einzigen Tag (siehe dazu S. 58f.). Insgesamt sammelte er laut FEC mehr als 35 Millionen Dollar ein. Über diesen Erfolg scheint er sich immer noch selbst ein wenig zu wundern. »Das Internet hat uns gefunden. Wir haben das Internet gefunden«, sagte er in einem Interview. Es klingt nach Schicksal. Es klingt nach Magie. Justine Lam, die Web-Strategin in seinem Wahlkampfteam, erklärt, man habe einfach alles zu existierenden Websites ausgelagert: »Man muss kein teures Portal aufbauen, das eine hohe sechsstellige Summe kostet.« Ron Paul schrieb neben Barack Obama die zweite Web-Erfolgsstory des Jahres 2008, er demonstrierte, dass das Internet keine exklusive linksliberale Veranstaltung ist. Und was noch viel wichtiger war: Paul bewies, dass die Prozesse, die Chris Anderson in *The Long Tail* beschreibt, auch in der Politik funktionieren, dass Themen und Kandidaten, die vor 20 Jahren niemals ins öffentliche Bewusstsein gelangt wären, nun eine Chance bekommen.

Instrumente

Wie würde wohl eine Stellenanzeige für den Job des eCampaign-Directors einer politischen Kampagne in einer Branchenpublikation wie *The Hill* aussehen? »Politiker sucht Technologie-Strategen für nationale Aufgabe. Kenntnisse in Final Cut Pro und HTML sind von Vorteil. Bitte schreiben Sie nur, wenn Sie mindestens 1000 Freunde auf MySpace haben«? Es gibt keinen Master-Studiengang für »New Media Campaigning«, es funktioniere alles über »Training on the Job«, erklärt Justine Lam. Die 32-Jährige arbeitete lange bei einer NGO, die in der Bildungspolitik aktiv ist. Sie sagt: »Es geht in erster Linie darum, der eigenen Botschaft Gehör zu verschaffen«, es gehe um Slogans und Images, die man dem Netz einimpfen müsse: »Das Web 2.0 existierte während des Wahlkampfs im Jahr 2004 noch gar nicht.« Doch während die Politik nun endlich mit MySpace und Twitter experimentiert, geht die technologische Entwicklung unaufhaltsam weiter. Lam hält es für möglich, »dass gerade ein 12-Jähriger in einer Garage sitzt und die Killer-Applikation des Wahlkampfs des Jahres 2012 programmiert«.

Frühere Generationen von Wahlkampf-Managern glaubten blind an 30-Sekunden-Spots und Postwurfsendungen. Lam ist ein Kind des digitalen Zeitalters, sie hat viele Foren und Kanäle entstehen und verschwinden sehen und ist deshalb so etwas wie eine Medienagnostikerin. »Es gibt kein Allheilmittel und keine Erfolgsgarantien«, sagt sie, »es gibt nur neue Methoden, und es kommt darauf an, wie man sie benutzt.« Im Jahr 2008 muss ein Kandidat, der eine reelle Chance haben will, nicht nur ein Portal als effizienten Knotenpunkt im Web betreiben, sondern sich in Tausende virtueller Spiegelscherben auflösen, damit seine Botschaft und sein Logo von den digitalen Gezeiten noch in den kleinsten Winkel und Weblog getragen werden. Online-Strategen platzieren Videos auf YouTube und aktualisieren MySpace-Seiten. Die Kandidaten haben Avatare in virtuellen Welten wie Second Life, verschicken via Twitter alle 15 Minuten eine Nachricht und versuchen sich im mobilen Marketing. »Text HOPE to 66486«, sagt etwa eine Stimme in der Werbepause einer Radiosendung im Bereich Washington. Wer der Auffordeurng nachkommt und die SMS zu der genannten Nummer sendet, bekommt wenig später den Obama-Newsletter aufs Handy. Der Grad zwischen Botschaft und Spam ist schmal.

Je weiter verbreitet und alltäglicher eine Anwendung ist, desto größer wird ihre Bedeutung für die politische Kommunikation. Technik-Freaks und Fach-Blogs mögen über innovative Programme wie TumblR diskutieren, in der Realität werden diese Technologien nur von einer schmalen Info-Elite genutzt, trotz ihrer revolutionären Funktionsweise ist ihre Reichweite relativ gering. Erst wenn eine Technologie von der breiten Masse der Bevölkerung genutzt wird, entfaltet sie ihr revolutionäres Potential. Die E-Mail, mit der man Informationen einfach und schnell weiterleiten kann, ist noch immer die Killer-Applikation des Internet, ist interpersonaler Kanal und Massenmedium zugleich. Ob man eine Nachricht nun an einen Freund oder an 100 000 Menschen schickt, der Prozess läuft immer gleich ab.

Die Anhänger Obamas bekommen jeden zweiten Tag eine E-Mail vom Kandidaten selbst oder einem seiner Kampagnen-Manager. In der Betreffzeile steht dann: Deadline Saturday. Bush and McCain«, »What this means« oder »You vs. Geoge W. Bush«. Zwischen den Absätzen finden sich Links oder klickbare Grafiken. Blaue Linien, die dem erfahrenen User signalisieren: Hier kann ich etwas machen! Auf dem Blog techpresident heißt es über die ideale E-Mail: »Halten Sie die Botschaft kurz und eindeutig. Bauen Sie immer einen Button ein, auf den man klicken kann. Dieser muss so groß sein, dass die Leute ihn finden, egal wie groß das Fenster ist, das sie gerade geöffnet haben und welchen Teil der E-Mail sie lesen. Klicks sind wichtig, denn sie übersetzen sich in Aktionen.« Manchmal enthalten die Mails schlichte Spendenaufrufe, manchmal versuchen die Strategen, bestimmte Ereignisse und Nachrichten einzuordnen, immer aber ist die Anrede persönlich und höflich. Die Botschaft beginnt mit dem Vornamen des Adressaten, verwendet oft die Worte »wir«, »uns« und »zusammen«. »Eine E-Mail muss so formuliert sein, dass die Empfänger merken, dass eine reale Person dahintersteckt«, sagt Andrew Rasiej. Das paradigmatische Format des Fernsehens ist die fiktionale Seifenoper mit ihrem Pathos und den großen Gefühlen, die, wie man in Amerika sagt, »bigger than life« sind – größer als das Leben. Deshalb funktionieren vor allem TV-Spots, die starke Emotionen wecken. Das Internet nutzen die Menschen jedoch inzwischen vor allem, um mit Freunden, Verwandten und Fremden zu kommunizieren. Es ist ein soziales Medium, und deshalb hat hier ein persönlicher, authentischer Sound mehr Aussicht auf Erfolg. Barack Obama schreibt: »Wir haben schon viel erreicht, aber wir stehen vor noch größeren Aufgaben. Ruh dich kurz aus, und dann geht es mit doppelter Kraft voraus.«

An der Basis II

In den Tagen vor der demokratischen Vorwahl in Texas nimmt der E-Mail-Verkehr in der Gruppe in Houston stark zu. Die Mitglieder haben jeden Tag mehr als 50 Mails in der Inbox, Nachrichten, Gerüchte, Links. Politisches Interesse wird zum Vollzeitjob, der Briefkasten zum Stimmungsbarometer. Ein Mitglied schickt den »Daily Motivator«, eine ermutigende Geschichte von der Basis, etwa dass eine alte Dame ihr Fahrrad verkauft hat, um Obama zu unterstützen. Ein *precinct captain* berichtet, dass Hillary-Fans angeblich Obama-Plakate abreißen, Lee Kulig schickt eine Liste mit Argumenten herum, mit denen seine »Kollegen und Kameraden« die unentschlossenen Bürger am Wahlabend auf ihre Seite ziehen können.

Das wirklich revolutionäre Moment der Obama-Kampagne besteht nicht so sehr in der schieren Zahl an Freiwilligen, sondern in der Tatsache, dass Basisaktivisten ihre Aktionen weitgehend autonom planen und durchführen. Zwar haben sich im Jahr 2008 mehr als 15000 Freiwillige im »Camp Obama« zu Organizern und Campaignern ausbilden lassen. In den zweitägigen Seminaren bekamen die Aktivisten aber keine rigorosen Muster eingeimpft, erzählt Kulig. »Die Unterrichtsmaterialien sollten sicherstellen, dass wir unabhängig vom Hauptquartier agieren konnten.« Ein gutes Beispiel für die Art, in der die Obama-Kampagne die Energie der Anhänger nutzbar macht –»harnessed« (dt. einspannt), wie Joe Rospars das nennt – sind die sogenannten Last-Minute-Phone-Calls. In traditionellen Kampagnen wird in der heißen Phase des Wahlkampfs oft eine große Anzahl von Menschen von automatisierten Telefonanlagen angerufen und mit aufgezeichneten Botschaften bombardiert. Diese Aufgabe übernehmen bei Obama freiwillige Helfer, die sich auf der Webseite unter der Rubrik »Take Action« anmelden. Jeder bekommt dann aus einer großen Datenbank zehn Telefonnummern von registrierten Wählern zugewiesen. Ein Word-Dokument liefert den Leitfaden für das Gespräch. Alles ist – so steht es auf der Seite – eigentlich ganz einfach: »Hallo, ich arbeite für die Obama-Kampagne. Haben Sie vor, heute wählen zu gehen?«, »Sind Sie sich bewusst, dass Obama schon 2003 gegen den Krieg im Irak gestimmt hat?«, »Sagen Sie, haben Sie eigentlich eine Krankenversicherung?« Nach dem Anruf pflegen die Callcenter-Aktivisten die gewonnenen Informationen in eine Datenbank ein.

Am Wahlabend erreicht eine weitere E-Mail die Aktivisten in Houston, sie kommt vom Wahlbezirk 2. In der Betreffzeile steht:

»Die Hillary-Anhänger sind uns zahlenmäßig haushoch überlegen.« Ausgerüstet mit Laptop und Blackberry macht sich ein Einsatzkommando auf den Weg, um zusätzliche Anhänger für Obama zu mobilisieren. »Über Computer und Telefone«, sagt Tanisha Everett, »halten wir uns immer auf dem neuesten Stand. So können wir im Notfall schnell reagieren.« – »Smart Mobs« (deutsch etwa »intelligente Schwärme«) nennt der Internet-Theoretiker Howard Rheingold (der auch den Begriff »Virtual Reality« erfunden hat) solche kollektiven Akteure, sie sich über Netz und Handy selbstständig und flexibel organisieren.[9] Dabei geht es laut Rheingold nicht nur um die wachsenden technischen Möglichkeiten der Geräte, sondern vor allem um das Sozialverhalten der Gruppen, um Toleranz und eine kollektive Identität. »Es war so viel Enthusiasmus in unserem Team«, sagt Tanisha, »ich habe mit Teenagern gearbeitet, die noch nicht wählen dürfen, mit Menschen, die Hunderte von Meilen gefahren sind, um uns zu helfen.« Viele Obama-Anhänger haben sich extra zwei Wochen freigenommen, aus Verkäufern, Anwälten und Studenten wurden richtige Wahlkampfprofis. 2008 sind die Wähler nicht länger nur eine Zielgruppe, Claqueure oder Statisten, sie spielen selbst eine tragende Rolle.

Der Mythos der offenen Kampagne

Web-2.0-Seiten wie MySpace, FlickR oder YouTube basieren auf Inhalten, die die Nutzer selbst bereitstellen, ihren Texten, Fotos, Videos und ihrer Energie. Die Politik 2.0 müsse deshalb ebenfalls versuchen, erklärt Justine Lam, »die Kreativität und das Wissen der Bürger zu nutzen«. Für die Ron-Paul-Kampagne haben Anhänger eigene Webseiten und Online-Petitionen gestartet, Fanartikel und Plakate gebastelt, die sie im Internet angeboten und an Freunde und Bekannte verteilt haben. »Wir haben einen Aufkleber zum

Download auf die Website gestellt«, erzählt Lam, »und ein paar Stunden später kam eine verbesserte Version zurück.«

In bestimmten Situationen kann eine Idee von der Basis sogar eine komplette Kampagne retten. Im November 2007 lancierte Eric Nordstrom, ein Banker aus Passadena in Kalifornien, eine Webseite mit dem Titel »Money Bomb for Ron Paul«. Die Idee war einfach: Alle Anhänger von Paul sollten an einem bestimmten Tag eine Spende abschicken, die einzelnen Beträge würden sich zu einer riesigen Summe addieren, die auch in der Offline-Welt der etablierten Massenmedien für Aufsehen sorgen würde. Die »Geldbombe« platzte schließlich am 5. November 2007 und brachte Paul mehr als sechs Millionen Dollar ein. Justine Lam sagt dazu: »Mit der ›Money Bomb‹ waren wir plötzlich auf der politischen Landkarte.«

Auf den Homepages der Kandidaten werden immer wieder bestimmte Summen ausgerufen, die es innerhalb einer bestimmten Zeit aufzutreiben gilt. Das Spendenaufkommen wird grafisch meist mit einem Thermometer illustriert, mit jedem Dollar nähert sich die Temperatur dem Siedepunkt. Solche interaktiven, haptisch-emotionalen Elemente sind wichtig, erklärt Justine Lam, sie spricht von der »visuellen Wirkung«. Auf der Webseite von Ron Paul wird der Name jedes Spenders in einem Dokument festgehalten. Das sorgt nicht nur für hohe Transparenz, sondern gibt den Leute auch das Gefühl: »Ich in dabei.« Auf mybarackobama.com wird jede Aktion, jede besuchte Veranstaltung, jeder Weblog-Beitrag mit ein paar Punkten honoriert. Eine Tabelle listet die aktivsten Aktivisten auf: »An Deinem Punktestand kannst Du ablesen, wie viel Du schon geleistet hast«, steht auf der Seite. Mit diesem Wahlkampf-Highscore wird die Politik zum Videospiel. Ist es nicht gerade das Gefühl, mit einem Knopfdruck etwas bewegen zu können, das die Leute an die Playstation fesselt? Ein Gefühl, das viele Menschen im realen Leben längst verloren hatten, sodass

der Nike-Slogan »Just do it« in ihren Ohren schließlich klang wie Hohn.
Joe Rospars und seine Kollegen basteln Nullen und Einsen zusammen und liefern mit Webseiten und E-Mails eine Struktur, die die Aktivität und Energie der Freiwilligen in eine bestimmte Richtung lenkt steuert. Rospars sagt: »Wenn Du wirklich willst, dass die Menschen an der Basis mitmachen, dann musst Du ihnen die Freiheit geben, autonom zu handeln.« Der Kandidat des 21. Jahrhunderts kann von der Energie der Menschen und ihren Ideen profitieren, muss aber auch bereit sein, bis zu einem gewissen Maße die Kontrolle abzugeben. Das ist ein großes Wagnis in einer hypersensiblen Zeit, in der ein Versprecher oder ein schlechter Witz das Ende eines Kandidaten bedeuten kann, weshalb diese versuchen, jedes Risiko zu vermeiden. Was *voter generate content* positiv bewirken kann, zeigt zum Beispiel der Videoclip »Yes we can«, den der bekannte Rapper will.i.am von den Black Eyed Peas produzierte. Er unterlegte den Obama-Slogan »Yes we Can« mit zeitgenössischen Beats und Schwarz-Weiß-Bildern von normalen Amerikanern und Hollywoodstars und stellte den Clip auf YouTube – dort wurde er bislang mehr als zehn Millionen Mal angesehen. Schließlich setze ihn Obama in seinen offiziellen E-Mails und bei Veranstaltungen ein. Ein anderes Video, das Anhänger in einem inoffiziellen »Obama Field Office« gedreht hatten, machte ihm jedoch Probleme: Im Hintergrund war eine Fahne mit Che Guevara zu sehen – Wasser auf die Mühlen von konservativen TV-Sendern wie Fox News, die Obama gerne als »unamerikanisch, links und elitär« abqualifizieren. Man müsse den Anhängern trotzdem vertrauen, sagt Justine Lam, »auch wenn man eine Menge Geduld braucht«. Mit den neuen Partizipationsmöglichkeiten sei auch der Typus des »armchair campaign managers« entstanden, der die Kampagne wie ein Fußballfan bedingungslos unterstützt, aber auch alles besser weiß als der Trainer. »Wir haben sehr viele kriti-

sche E-Mails bekommen«, sagt Lam, »und die Leute erwarten, dass jeder Kommentar ernst genommen wird – egal, wie dumm die Idee ist.« Einige Ron-Paul-Anhänger wollten von dem »Money Bomb«-Geld einen Zeppelin mit der Aufschrift »Ron Paul 4 America« anschaffen, Justine Lam sagt: »Das war nicht unsere Strategie. Aber sie haben es dann trotzdem versucht.«

Die Show

»O-Ba-Ma«, schreien die Menschen, »O-Ba-Ma« und »Yes! We! Can!« Der Kandidat lässt sie warten. Dann tritt Barack Obama auf die Bühne der Sportarena in Chicago, tänzelt wie ein Boxer durch den Scheinwerferkegel, simuliert ein paar angedeutete Schläge und breitet die Arme aus. Jemand ruft: »I love you.« Er lächelt und sagt: »I love you back.« Seine Veranstaltungen werden wegen der kreischenden Fans und der lauten Musik oft mit Popkonzerten und Sportevents verglichen. Irgendwie hat man den Eindruck, dass die Menschen nicht nur wegen seines Charismas, seines Looks oder seiner Rhetorik begeistert sind, sondern dass sie sich vor allem an sich selbst berauschen, an dem, was sie geschafft haben. Deshalb funktioniert auch der Slogan »Yes! We! Can!« so gut als lauter, archaischer Lärm, den die Menschen in der Arena loslassen. Es ist ihre Botschaft an die Welt da draußen: »Das ist unser Land, unser politisches System, und das werden wir uns, verdammt nochmal, nicht nehmen lassen – von niemandem.« Die Menschen schreien laut. Die Temperatur in der Halle steigt.
Clay Shirky erklärt den Erfolg von kollektiven Internet-Projekten wie mybarackobama.com nicht nur mit der Verbreitung von schnellen Internetzugängen und gesteigerten Übertragungsraten, sondern mit einem viel älteren Wort, das in dem Kontext des mit harten Bandagen geführten Wahlkampfes erst einmal überrascht:

Liebe. »Die Projekte existieren, weil die Menschen sie lieben und sich damit, über zwei Ecken, auch gegenseitig lieben.« Shirky spricht nicht von romantischer Liebe, sondern von der Wertschätzung für Mitstreiter und vom Gefühl gelebter Zusammenarbeit. Große Emotionen seien ein soziales Bindemittel, ein Sinn- und Solidaritätsgenerator. »Liebe hatte immer einen kleinen Radius«, sagt Shirky, war auf Freunde, Familie, das direkte soziale Umfeld beschränkt. Das World Wide Web habe den Radius der menschlichen Erfahrungen und Emotionen ausgeweitet, ein urbaner Hipster aus dem College könne nun mit einer schlecht bezahlten Angestellten aus der Vorstadt zusammenarbeiten. »Soziale Werkzeuge machen Liebe zu einem erneuerbaren Baustoff«, sagt der Internet-Theoretiker, »wenn die Menschen stark genug für etwas empfinden, dann kommen sie zusammen und vollbringen unglaubliche Dinge.« Das Internet ist ein revolutionäres Medium in dem Sinne, in dem es Prozesse und Phänomene hervorbringt, die zuvor undenkbar waren. Bei Simon Rosenbergs Think Tank New Politics Institute gibt man sich im Frühjahr 2008 erstaunt: »Das Verblüffende ist, dass Hillary – gemessen an den traditionellen Parametern – die beste Kampagne in der Geschichte der Demokratischen Partei geführt hat: Sie hat mehr Geld eingesammelt als alle Kandidaten vor ihr, sie bezog all die treuen Anhänger ein, sie scharte ein All-Star-Team von Beratern um sich und sie hatte diese Maschine, die von oben gesteuert und kontrolliert wurde, perfekt in der Hand. Und trotzdem hat ihr dieser politische Startup-Unternehmer eine Niederlage zugefügt, weil er ein radikal anderes Modell einer neuen Politik verkörpert.«

Aus der Luft betrachtet, sieht Houston aus wie ein Computerchip. Die Quader der Malls und die Fabrikgebäude, die glühenden Verbindungslinien der Highways. Zoomt man aber näher heran, wird die Stadt zur Asphaltwüste, in der es keine Straßencafés, Bürgersteige und öffentlichen Plätze gibt. Egal wie die Wahl ausgehe, sagt

Lee Kulig, der Wahlkampf habe die Stadt verändert. »Houston for Obama« habe eine zweite Infrastruktur geschaffen, ein virtuelles Straßennetz, das sich über den unwirtlichen, grau-beigen *megasprawl* gelegt und über Highways und Stadtviertelgrenzen hinweg neue Verbindungen geschaffen habe. »Die Demokratische Partei hat Texas lange vernachlässigt, weil es hier nichts zu gewinnen gab« sagt Kulig, »aber jetzt haben wir wieder eine richtige Gemeinschaft.« Lee Kulig ist endgültig nicht mehr allein. Wenn es beim Grillfest mal wieder um Waffengesetze und den Krieg im Irak geht, dann muss er sich nicht länger auf die Zunge beißen, die Flasche an den Mund setzen und den Ärger mit ein wenig Bier hinunterschlucken. Er wird einfach in sein Arbeitszimmer gehen und den Computer anschalten.[10]

Anmerkungen

1 Matthew Hindman: »Reflections on the first digital campaign«, in: Doris A. Graber (Hg.): *Media Power in Politics,* CQ Press 2007, S. 192-201, S. 196.
2 Ebd.
3 Trippi liefert in seinen Wahlkampf-Memoiren *The Revolution Will Not Be Televised – Democracy, the Internet and the Overthrow of Everything*, Regan Books 2004, eine lebendige und kluge Schilderung der aufregenden Tage in Burlington.
4 Charles Lewis: *The Buying of the President 2004. Who's Really Bankrolling Bush and His Democratic Challengers – and What They Expect in Return*, Harper Paperbacks 2004.
5 Eine detaillierte Auflistung der Einnahmen und Ausgaben aller Kandidaten ist online verfügbar unter {www.fec.gov/disclosure.shtml} (Stand: Juli 2008).
6 Allerdings geriet Obama aufgrund seiner Fundraising-Methoden jüngst in die Kritik. Die Finanzierung des Präsidentschaftswahlkampfs wurde in den siebziger Jahren in der Folge des Watergate-Skandals neu geregelt. Die Regularien der FEC sehen vor, dass die Kampagnen (um Chancengleichheit zu gewährleisten) staatlich finanziert werden, den Kandidaten stehen jeweils 84,1 Millionen Dollar zu. Im Gegenzug verpflichteten sich diese (anders als in den Vorwahlen), keine weiteren privaten Spenden anzunehmen. Obama hatte zunächst versprochen, sich diesem Regime unterzuordnen. Nach seinem Sieg in den Demokratischen Vorwahlen gab er dann jedoch in einem YouTube-Video bekannt, er werde sich nicht an diese Regeln halten, als erster Kandidat seit den siebziger Jahren auf

öffentliche Mittel verzichten und weiterhin auf Kleinspenden setzen (was ihm vermutlich wesentlich mehr einbringen dürfte als 84,1 Millionen Dollar). Er sei geradezu gezwungen, dies zu tun, da die Republikanische Konkurrenz die Vorgaben der FEC umgehe, indem sie über ein undurchschaubares Netzwerk aus offiziell unabhängigen Organisationen (sogenannten »527 groups«) zusätzliches »corporate cash« generiere. Diese Kehrtwende brachte Obama den Vorwurf er ein, er halte sich nicht an seine Versprechen, sei ein sogenannter »flip-flopper« und damit, trotz aller Anti-Establishment-Rhetorik, doch nur ein weiterer typischer Vertreter des Betriebs.

7 Chris Anderson: *The Long Tail: Why the Future of Business Is Selling Less of More*, Hyperion, 2006. Die deutsche Ausgabe des Buchs erschien unter dem Titel *The Long Tail. Der lange Schwanz. Nischenprodukte statt Massenmarkt. Das Geschäft der Zukunft* bei Hanser (2007).

8 Mit ziemlicher Sicherheit werden die Zahlen auf {www.myspace.com/barackobama} und {www.facebook.com/barackobama} weiter gewachsen sein, wenn dieses Buch erscheint. Das analoge Buchmedium kann mit der digitalen Dynamik eben nicht immer Schritt halten.

9 Howard Rheingold: *Smart Mobs. The Next Social Revolution. Transforming Cultures and Communities in the Age of Access*, Basic Books 2003.

10 Lee Kulig, Tanisha Everett und die anderen texanischen Online-Aktivisten haben es im Februar 2008 durch ihren Einsatz und ihre Energie geschafft, den großen Rückstand, den Obama noch wenige Wochen vor der Wahl auf Clinton hatte, beinahe vollständig aufzuholen. In den Vorwahlen erreichte Clinton eine Mehrheit von 51 Prozent, aufgrund des komplizierten texanischen Wahlrechts holte Barack Obama jedoch die Mehrheit der Delegiertenstimmen. Eine detaillierte Auflistung der Vorwahl- und Wahlergebnisse ist online verfügbar unter {http://edition.cnn.com/ELECTION/2008} (Stand: Juli 2008).

3. Pop und Politik

Die virtuelle Hillary Clinton hat viele Gesichter. Im Internet findet man zunächst ein fröhliches Video der New Yorker Senatorin und ehemaligen First Lady. Hillary Clinton sitzt im Wohnzimmer ihres Landhauses – neben einer teuren Vase, vor schweren Samtvorhängen – und lächelt breit genug für das 16:9-Format in die Kamera. Sie sagt: »Ich werde für das Amt des Präsidenten kandidieren.« Als erste Politikerin erklärte Hillary Clinton im Frühjahr 2007 ihre Kandidatur für das höchste Amt der Vereinigten Staaten nicht auf einer Pressekonferenz in Washington, sondern in einer Live-Übertragung im Netz. Im Jahr 2007 schien Clinton dabei bereits als Kandidatin der Demokraten festzustehen; sie hatte einen großen Namen, ein erfahrenes Team und einen enormen Spenden-Pool. Nichts und niemand würde sie aufhalten. In dem Internet-Video gibt sie sich siegessicher, sagt: »I am in it to win it.« und fordert die Internet-Nutzer auf, ihre Webseite Hillaryclinton.com zu besuchen: »Let's have a conversation.« Womit Hillary Clinton nicht gerechnet hatte bei dieser Einladung zum digital-nationalen Dialog, war, dass ihr die Antworten und Ansichten, die die Menschen über die Glasfaserkabel übermitteln sollten, nicht gefallen würden. Wenige Wochen nach ihrer Rede tauchte auf YouTube ein Clip mit dem Titel »Vote Different« auf. Wieder war Hillary Clinton zu sehen, diesmal jedoch nicht im Wohnzimmer, sondern in einer düsteren Science-Fiction-Atmosphäre. Ihr Gesicht erscheint auf riesigen Bildschirmen in der Rolle des Big Brother aus Orwells *1984*: Sie wirkt überlebensgroß – und ziemlich bedrohlich. Ein unbekannter Regisseur hatte einen berühmten Apple-Werbeclip von Ridley Scott aus dem Jahr 1984 umgeschnitten. Uniformierte Menschen marschieren im Gleichschritt durch graue und düstere Gänge, aus Lautsprechern tönen blechern die Sätze aus Clintons Ansprache, Sätze wie »I want to be the captain of Team Amerika«. Am Ende zertrümmert ein Mädchen in einen T-Shirt mit Obama-Logo die Bildschirme mit einem Hammer und befreit so die Menschen von dem bösen Fluch, der auf ihnen lastet. Mehr als fünf Millionen Nutzer sahen sich den Spot an. Am Ende wurde er Wirklichkeit: Obama besiegte die scheinbar unbesiegbare Kandidatin tatsächlich in den Vorwahlen.

Hillary Clinton musste im Wahlkampf 2008 also eine schmerzhafte Lektion lernen: Über das Internet kann man Botschaften schneller verbreiten als jemals zuvor; in dem Moment allerdings, in dem man sein Bild ins Netz einspeist, gibt man auch die Kontrolle über dieses Image auf – es wird vervielfältigt, verzerrt und verzehrt. Oder anders: Wenn man die Leute einlädt mitzureden, dann hat ihr Wort auch Gewicht.

Voter Generated Content

Der »Vote Different«-Clip ist das prominenteste Beispiel für den bereits mehrfach angesprochenen *voter generated content*: Fotos, Slogans, Filme und Poster, die nicht aus den Kampagnenzentralen stammen, sondern von Bürgern und Anhängern kreiert werden. Diese Inhalte haben im Jahr 2008 große Bedeutung gewonnen. »Wir erleben einen besonderen Moment in der Geschichte«, heißt es auf techpresident, »in dem sich die Menschen mit Videokamera und MacBook für Parteien und Themen engagieren – und sie tun es vor einem globalen Publikum und im ganz großen Stil.« Früher kreuzten die Wahlkampfmaschinen und Political Action Committees über der Erde wie Sternenkreuzer und beschossen die Menschen mit Laserstrahlen (*top down*), nun produzieren die Er-

denbewohner selbst Botschaften und schießen zurück (*bottom up*). Das Schlachtfeld wird unübersichtlich.
Noch im Jahr 2004 spielten Internet-Videos kaum eine Rolle, da die langsamen Modemverbindungen und Grafikkarten der Heimcomputer mit der Datenmenge überlastet waren. Im Kongresswahlkampf 2006 änderte sich das: Der mächtige Senator George Allen aus Virginia wurde gefilmt, als er einen Amerikaner indischer Abstammung – in Anlehnung an eine in Asien lebende Primatengattung – als »Macaca« bezeichnete. Das Video landete auf YouTube, sorgte für negative PR und kostete Allen wohl seinen Posten im Senat (siehe dazu Kapitel 5) – der Vorfall ist als »Macaca Moment« in die Mediengeschichte der USA eingegangen. Auch John McCain kämpft noch immer gegen die Folgen eines unvorteilhaften Videos an, das ihn bei einem Wahlkampfevent zeigt, während er zur Melodie des Beach-Boys-Songs »Barbara Ann« »Bomb, Bomb, Bomb Iran« singt.
Schon spricht man in Washington von der Videokratie, von der Herrschaft der Bilder. »Webvideos können Kandidaten zerstören«, sagt Andrew Rasiej, von techpresident.com, »aber sie können sie auch beflügeln«. In einem Video mit dem Titel »Obama Girl« tanzt etwa ein New Yorker Model durch die Straßen und trällert: »I got a crush on Obama« (dt. etwa »Ich bin in Obama verliebt«). Mehr als acht Millionen Zuschauer machten das Obama Girl zu einer Pop-Politik-Phänomen, das zwei Dinge beweist: Erstens ist Politik im Jahr 2008 wieder sexy, das heißt, interessant; zweitens werden die wirkungsvollsten Spots nicht mehr unbedingt von professionellen Werbern mit Millionenbudgets entworfen. Vor allem das Obama-Team steht Beiträgen von außen sehr offen gegenüber. Das gilt nicht nur für den will.i.am-Clip: Als ein Obama-Poster des Graffiti-Künstlers Shepard Farey im Netz bekannt wurde, reagierte die Wahlkampfzentrale auf die vielen Nachfragen und verkaufte das Bild bald auf der Webseite. Obama sagte dazu der *New York*

Times: »Es gab einfach unglaublich kreative junge Leute, die sich beteiligen wollten. Wir haben es meiner Meinung sehr gut hinbekommen, ihnen zugleich einen gewissen Freiraum zu geben, in dem sie experimentieren und neue Dinge ausprobieren konnten, und dann richtig in dieses Potential zu investieren.«

Der digitale Diskurs

Im Frühjahr 2008 begrüßten Barack Obama und Hillary Clinton die Reisenden auf dem Dulles International Airport in Washington D.C. persönlich. Am Flughafenkiosk standen zwei lebensgroße Pappfiguren der Kandidaten und machten klar, dass man sich nun in der Hauptstadt der Politik befand. Im Juli wurde die Hillary-Figur abgebaut. Nun liegen neben den bunten Magazinen, den Kaugummis und den großen Wasserflaschen nur noch die politischen Fanartikel von Obama und McCain: T-Shirts, Kaffeetassen und Aufkleber, so als müsse sich jeder entscheiden, zu welchem Team er gehören möchte, bevor er in die Stadt einzieht. Die Kandidaten sind in Amerika längst Stars. Das *People Magazine* bildete Obama beim Basketball-Spielen ab. Hillary zeigte in *US Weekly* eine Fotostrecke mit »meinen größten Modesünden«. Die US-Chefredakteurin Janice Min sagt: »Politiker sind ein legitimer Bestandteil des Star-Orbits.« Das liegt unter anderem daran, dass in den USA der Fokus weniger auf den Programmen der Parteien liegt, als auf Charisma und Charakter der Kandidaten – das Zweiparteiensystem produziert zudem viele Konflikte, die mit den Gut/Böse- und Schwarz/Weiß-Narrativen der Massenmedien kompatibel sind. »Prominente sind wie Politiker, weil sie genauso auf die Unterstützung der Öffentlichkeit angewiesen sind, um im Amt zu bleiben«, sagt Min. »Ein Prominenter, den niemand mehr liebt, ist nicht länger prominent.«

Politik ist demnach in den USA immer auch Popkultur. Zumindest in dem Sinn, in dem der britische Kulturwissenschaftler John Fiske den Begriff versteht, als »aktiven Prozess der Produktion und Zirkulation von Bedeutungen und Freuden innerhalb eines sozialen Systems«[1]. Unter diese Definition fällt der Wahlkampf schließlich genauso wie *Sex and the City*, Country aus Nashville und Jeansmode. Die politische Kultur wird in den USA also nicht nur im Verfassungstext und in Parlamentsdebatten verhandelt, sondern auch in Form von Artikeln wie Kühlschrankmagneten, *bumper stickers* und T-Shirts mit Sprüchen, die sich kaum von der Ausrüstung eines Football-Fans unterscheiden. Den Polit-Pop sollte man nach Fiske jedoch nicht als unterkomplexe Politik-Simulation verstehen, sondern als kulturelle Sphäre ernst nehmen, die durch ihre Dynamik und Flexibilität auch normalen Menschen eine Ausdrucksmöglichkeit gibt. Im Hinblick auf diesen Alltagsaktivismus spricht Fiske von einem »Akt des Widerstands«. Die Menschen würden die dargebotenen Botschaften und Informationen der Massenmedien nicht länger wehrlos übernehmen, sondern am Küchentisch oder auf der Wohnzimmercouch für sich umrechnen und subjektiv interpretieren. Durch die digitalen Technologien erhalten die Widerstandswahlkämpfer nun die Möglichkeit, Nachrichten nicht nur für sich selbst, sondern für Millionen umzudeuten und in der Welt zu verbreiten.

In US-Wahlkampfspots tauchen traditionell sogenannte »normale Amerikaner« auf, Menschen, die laut Bildunterschrift John, Mary oder William heißen, die Mechaniker, Kellnerin oder Veteran sind und die in der Regel aus Staaten wie Ohio, Montana oder Pennsylvania stammen – Statisten mit exakten Drehbuchanweisungen, anthropomorphe Chiffren für »amerikanische Werte«, mit denen Politiker und Parteien zu und über das Volk sprechen. Mit Webcams und über Videoplattformen können die »normalen Amerikaner« nun wirklich zu einem nationalen Publikum sprechen, können einen Medientraum verwirklichen, den J. D. Salinger in *The Catcher in the Rye* so beschrieben hatte: »Am meisten halte ich davon, wenn man nach einem Buch total erledigt ist und sich wünscht, daß man mit dem Autor [...] nah befreundet wäre und daß man ihn antelefonieren könnte.«[2]

Wenn John McCain nun ein Video über Energiepolitik ins Netz stellt, tauchen auf YouTube schnell neue Clips auf mit Titeln wie »AW: John McCain on energy politics«, in denen Menschen entschlossen oder auch ein wenig nervös in die Kamera schauen und dem Senator ihre Meinung sagen – wichtiger als der tatsächliche Inhalt der Antworten ist das Selbstbewusstsein, das aus ihnen spricht.

Hillary Clinton präsentierte Anfang März 2008 einen TV-Spot mit dem Titel »3 a.m.«: Man sieht ein schlafendes Mädchen, hört Geigenklänge, eine Märchenerzählerstimme sagt: »Es ist drei Uhr morgens, ihr Kind schläft. Aber irgendetwas ist passiert in der Welt. Und im Weißen Haus klingelt ein Telefon. [...] Wer soll ans Telefon gehen?« Der Clip sollte Barack Obamas Unerfahrenheit mit Weltpolitik und Krisensituationen betonen, und so Zweifel an seiner Führungskraft schüren. Umfragen zufolge missbilligt eine Mehrheit der amerikanischen Wähler diese sogenannten »attack ads«. Im Wahlkampf 2008 tauchte auf YouTube bald ein weiterer Film mit demselben Titel auf: Wieder sieht man das schlafende Mädchen, wieder hört man Geigen und eine Männerstimme, die den bekannten Text aufsagt. Dann aber ein Schnitt: Der Vater des Mädchens betritt das Zimmer und schmeißt den Erzähler, der neben dem Bett kauert und dem Kind schlechte Nachrichten ins Ohr flüstert, einfach aus dem Haus. Dann wendet er sich zur Kamera und sagt: »Werde endlich erwachsen Amerika. Hab keine Angst mehr vor Geschichtenerzählern.« Der Cutter Andy Cobb hatte in seiner Freizeit in filmischer Form auf Hillarys *attack ad* geantwortet, nicht mit einem Gegenangriff, sondern mit einem Appell an die Ich-Stärke und politische Vernunft der Bevölkerung. Bis Mitte Juli 2008 sammelten sich auf YouTube mehr als 100 000 Videobotschaften, Kommentare und Remixes zu dem Clinton-Clip – ein wunderbares Beispiel für die Dynamik digitaler Debatten.

Produktionsbedingungen

Jim Gilliam sitzt in einem Starbucks Café im West Village von New York. Auf dem Tisch liegt ein MacBook Pro, er deutet darauf, sagt: »Das ist mein ganzes Studio.« Mit dem flachen, silbernen Kasten hatte er bis vor einigen Jahren noch als Programmierer bei der Firma Lycos gearbeitet. Aufgrund der »aktuellen politischen Ereignisse«, so erzählt Gilliam, kam er auf die Idee, nicht nur Codezeilen in die Welt hinauszuschicken, sondern »politische Botschaften«. Also heuerte der hoch bezahlte IT-Experte als unbezahlter Praktikant und Researcher bei Robert Greenwald an, einem Dokumentarfilmer aus Los Angeles, der mit den Filmen *Outfoxed* und *Iraq for Sale. The War Profiteers* innerhalb der linken Szene zu einer Legende wurde. 2007 gründeten dann der Alt-Hippie Greenwald und der Techno-Magier Gilliam gemeinsam die Produktionsfirma Brave New Films, eine Internet-Plattform für einen »neuartigen Typus von Medien«, wie Gilliam sagt: »das Vier-Minuten-Propaganda-Video«. Jim Gilliam ist ein ernster, blasser Mann von knapp zwei Metern und spricht in einer kaum hörbaren Lautstärke. Seine Wut hört und sieht man ihm nicht an. Brave New Films will nicht die Realität oder politische Vorgänge dokumentieren, sondern führt Kampagnen gegen Condoleeza Rice, gegen Fox News, gegen den Kommunikationskonzern Verizon – und hat in drei Monaten mehr als 15 Millionen Zuschauer erreicht: »90-minütige Filme sind eine gute Sache«, meint Giliam, »aber die Vier-Minüter können wir schnell produzieren und aktuelle Debatten beeinflussen.«

Die digitale Revolution hat bereits die milliardenschwere Musik- und Filmindustrie umgekrempelt, es sollte also niemanden überraschen, wenn nun im verwandten Showbiz-Genre Wahlkampf ebenfalls eine Machtverschiebung in Richtung der Konsumenten stattfindet. Es ist heute kein Problem mehr, mit Digitalkameras und dem Programm Final Cut Pro hochwertige Clips zusammenzustellen und sie auf Webseiten oder Videoportalen zu veröffentlichen. Bertolt Brecht hatte bekanntlich schon in den zwanziger Jahren des 20. Jahrhunderts von interaktiven und kollektiven Medien geträumt. Marshall McLuhan prägte später den schönen Begriff vom »Prosumenten«,[3] der medialen Chimäre aus Sprecher und Hörer, Produzent und Konsument. Im 21. Jahrhundert schaffen die digitalen Medien nun endlich einen neuen Künstlertypus bzw. neue Formen der kollektiven Kreativität: »TAFKATA« – »The artist formerly known as the audience«.

MoveOn startete im Frühjahr 2008 den Wettbewerb »30 Seconds for Obama«, bei dem die Nutzer aufgefordert wurden, einen Werbespot für den Senator zu drehen. Die Organisation erhielt mehrere Tausend Einsendungen, die, wie die Organisatoren selbstbewusst formulierten, »die Ästhetik der herkömmlichen Attack Ads wie ein Konstrukt von Gestern erscheinen lassen«. Die Generation von Andy Cobb und anderen Amateurwahlkämpfern ist mit den interaktiven Medien (und dem Gefühl der eigenen Wirksamkeit) aufgewachsen, sie besitzt ein tiefes Verständnis für Genres, Erzählkonventionen sowie Produktions- und Distributionstechnologien und nimmt die neuen Medien nun in die Hand. Im Internet herrscht eine Remix- und Mash-Up-Kultur, verschiedene Audio- und Videoquellen werden zu einem neuen Produkt zusammengeführt. In Anlehnung an den Begriff *literacy* (dt. Lesekompetenz) sprechen die Internet-Experten von techpresident bereits von »Videracity«, der Fähigkeit, Bilder zu lesen und mit ihnen gleichsam zu schreiben. Den Wettbewerb von MoveOn gewann ein Clip von zwei Studenten aus Kalifornien mit dem Titel »Obamacan«. Darin erklärt ein fülliger Republikaner mit Glatze, warum er nun für Obama sei: »Ich bin ein Veteran. [...] Ich war schon Republikaner, bevor ich überhaupt wählen durfte.« Er sagt, dass er nun für Obama stimmen werde, weil »wir einen starken Mann im Weißen Haus brauchen«. Der »Obamacan«-Clip lief nicht nur auf YouTube, MoveOn schaltete den Spot auch im nationalen Fernsehen. Außerdem bitten die Netzaktivisten ihre Mitglieder immer wieder um Spenden für einen Clip zu einem gemeinsam ausgewählten Thema. Wahlwerbespots werden heute also nicht mehr von den Kampagnen-Zentralen kreiert, finanziert und distribuiert, sondern von einer mehr oder weniger dispersen Gruppe individueller Akteure. Die Webseite VoterVoter.com wirbt mit dem Slogan »Broadcast your point of view!« – hier laden Künstler und Aktivisten ihre eigenen Spots für oder gegen einen Politiker, eine Partei oder Sache hoch und geben an, in welchen Medienmärkten er gesendet werden soll und welche Summen dafür notwendig sind: Andere User, denen der Clip gefällt, können Geld dafür spenden und so eine kollektiv organisierte Anzeigenkampagne unterstützen.

Das Web forciert durch seine interaktiven Potentiale und grafischen Möglichkeiten eine neue Ästhetik des Mediendiskurses: Animationsfilme, Flash-Grafiken oder kleine Politik-Spiele. So findet sich im Netz etwa das Videospiel Kung Fu Election, in dem sich die Kandidaten im Stile von klassischen Kampfspielen wie Street Fighter oder Mortal Kombat mit Faustschlägen, krachenden Kicks und Feuerbällen traktieren[4]. Etwas weniger blutig ist das Kunstprojekt »Barack Obama is your new bicycle«[5]. Eine weiße Website, auf der in großen, bunten Buchstaben Sätze stehen wie »Barack Obama hat dein Gesicht in den Sand gezeichnet« oder »Barack Obama hat sich den Nachmittag frei genommen, um Deinen WLAN-Router zu installieren«. Der Publizist Matthew Honan hat die Seite mit all den fiktiven Wundertaten des jungen Senators aus Illinois ins Netz gestellt, um den Glamour des Neuen und der Hoffnung zu parodieren, der Obama umgibt – und ihn so makellos und glänzend erscheinen lässt wie ein neues Fahrrad. Die kanadische Künstlerin Sheila Heti hat die Seite »Metaphysical Poll« eingerichtet, auf der Menschen über ihre Träume über die Kandidaten berichten: So träumte etwa ein Geschichtsprofessor aus Boston, er würde gegen Hillary Clinton Poker spielte: »Hillary behauptete, sie habe einen Flush [...], zeigte dann aber ihre Hand, die aus Spielkarten unterschiedlicher Farben bestand. Dann deckte ich meine Karten auf: Ich hatte vier Pik – die alle irgendwie blau waren – und eine fünfte Karte, ebenfalls Pik, die aus dem blauen Papier der Anzeigenseiten des *Boston Globe* gemacht war. Clinton erkannte meine Hand nicht als (höheren) Flush an und nahm das Geld.« Und eine Studentin träumte davon, dass Obama in ein Café kommt und »mir ein iPhone schenkt« – das Internet als kollektives Unbewusstes, an dessen Bildern und Halluzinationen man ablesen kann, was die Menschen beschäftigt. »Zeitgeistmaschinen« nennt die Autorin und Bloggerin Liza Sabater diese Web-Phänomene und Videos. Diese würden nicht nur »den Geist und das Bewusstsein unsere Gegenwart bannen«, sondern überdies als »Portale funktionieren«, die uns zeigen, »wie Geist und Erinnerung im Hier und Jetzt erzeugt werden«.

Die Oberfläche des Diskurses ändert sich in Echtzeit und gibt viele Rätsel auf. Was bedeutet es, wenn kaum jemand von McCain träumt? Was bedeutet es, wenn sich 500 000 Menschen ein Video ansehen, in dem drei Hausfrauen einem Politiker ein Ständchen bringen? Ist das hip? Macht es den Politiker hip? Steigert es seine Wahlchancen (siehe S. 83)? Oder sucht sich hier nur die hysterisch mäandernde Netzaufmerksamkeit einen neuen Fokus und Fixpunkt? Idealisten zitieren hier gerne Kant, der glaubte, dass sich ein Publikum schon selbst aufklären werde, wenn man ihm nur die Freiheit ließe, von seiner Vernunft öffentlich Gebrauch zu machen.

Kulturpessimisten verweisen dann auf Clips wie »Barack'n'Roll«, in dem ein Student aus L.A. auf einem Hausdach herumhüpft und »Oh Bama! Go Bama!« singt. Pragmatiker sagen, dass dieses gelebte und getanzte Engagement dem Zeitalter der »Postdemokratie« (Colin Crouch),[6] das zwischen Politikverdrossenheit und Partikularinteressen gelähmt zu sein scheint, doch nur guttun könne.

Virale Videos

Auf YouTube werden jede Minute mehr als zehn Stunden Filmmaterial eingestellt. In dieser Informationsflut gehen die meisten politischen Videos unter. Und genau wie die meisten Garagenbands auf MySpace so unbekannt bleiben, wie es auch in der prädigitalen Ära ihr Schicksal gewesen wäre, versenden sich die meisten Amateur-Politik-Videos im weißen Rauschen des Internet. Die Preisfrage im US-Wahlkampf lautet deshalb: »What makes a video go viral?« Unter welchen Umständen und mit welcher Botschaftsstruktur wird dieser sich selbst verstärkende Prozess in Gang gesetzt, durch den ein billiger YouTube-Clip zur globalen Ikone wird? Wann funktioniert ein Video wie ein Virus, der seine Info-Bausteine in ein fremdes System einschleust, um es zur eigenen Reproduktion zu nutzen?

Es geht nicht nur um den Plot oder die Qualität der Produktion, sondern man müsse, wie Gilliam sagt, »den Kommunikationsraum Internet verstehen.« Es sei zum Beispiel wichtig, das Suchverhalten der Menschen zu antizipieren, sagt Gilliam – und aktuelle Reizwörter wie »George W. Bush«, »War«, »Scandal« oder »George Clooney« in den Titel einzubauen, »sodass die Menschen über das Video stolpern«. Erst wenn ein Film unter den Informationsbergen des Webs auffällt, kann auch die Botschaft wirksam werden, und auch für deren Fabrikation hat Gilliam eine klare, einfache Formel:

»Die Clips müssen kurz sowie entweder kontrovers oder komisch sein.« Die Rezeptionssituation im Web ist eine andere als in den vergleichsweise stabilen Kontexten des Kino- oder TV-Konsums, »die meisten Leute schauen nur nebenbei«, sagt Gilliam, haben ein Browser-Fenster mit dem Videoplayer geöffnet, arbeiten gleichzeitig aber an einer Anwendung und schicken eine E-Mail an einen Freund – mediales Multitasking. Gilliam sagt: »Die Videos müssen so konstruiert sein, dass sie eine Aktion beim Betrachter auslösen.« Die viralen Videos werden im besten Fall nicht nur angeschaut, sondern kommentiert, verlinkt und weiterverschickt. Die globale Gemeinde der Bored Office Workers, die gerne lachen und sich aufregen, und so einen Film dann an alle Menschen in ihrem Adressbuch weiterleiten, ist Publikum und Medium zugleich. Gilliam sagt: »Da hat man keine Zeit für Subtilitäten.« Das YouTube-Publikum mag starke Botschaften. Die Video-Plattform, auch das gehört zur Wirklichkeit des Web 2.0, ist das ideale Milieu für Propagandabotschaften.

Grey Ghosts

Die Underground-Wahlkampf-Spots werden einerseits als authentische Repräsentationen des politischen Bewusstseins des Volkes gefeiert, andererseits nicht zu Unrecht mit einer gewissen Skepsis betrachtet. »Das ist nicht echt«, steht zum Beispiel als Kommentar unter einem YouTube-Video mit dem Titel »Hillary Speaks for Me«, das eine Gruppe von Jugendlichen zeigt, die die Senatorin mit glatten Worten und Bildern als ideale Kandidatin ihrer Generation preisen. Gerade weil Autoren und Urheber im Web oft nicht zu identifizieren sind, fällt es schwer, Antworten auf Fragen wie »Wer steckt hinter einer Botschaft?«, »Wurden die Bilder manipuliert?« oder »Ist das echt?« zu geben. Anfang 2008 zum Beispiel tauchte auf YouTube ein Video mit dem Titel »McCain Girls« auf: Drei füllige Damen unterschiedlichen Alters singen »It's raining McCain« zur Melodie der Pophymne »It's raining man« von den Weather Girls, eine krude Produktion »von drei Hausfrauen aus dem Mittleren Westen«, wie sie sich selbst nannten. Die Szene verstand das Video als ungelenken Versuch der Republikaner, die Internet-Kompetenz der Demokraten und ihrer Web-Hits à la Obama Girl zu imitieren. Kurz nach der Veröffentlichung des Videos stellten YouTube-Nutzer mehrere Dutzend Parodien und Kommentare des Videos ins Netz, unterlegten die Bilder mit Heavy-Metall-Musik oder riefen zum Boykott der Polit-Musikerinnen auf. Sogar Senator McCain selbst äußerte sich auf Fox News über das YouTube-Ständchen und freute sich über die Kreativität und Energie seiner Fans. Erst Wochen und 800 000 Views später stellte sich dann heraus, dass das Video von einer Produktionsfirma stammte, die mit dem linken Online-Magazin *Slate* kooperiert – es handelte sich bei den »McCain Girls« um eine Undercover-Satire mit dem Ziel, den alternden Senator und seine Inkompatibilität mit der Pop- und Netzkultur vorzuführen – ein gutes Beispiel für die psychotrope Qualität und den multimedialen Irrsinn des Video-Diskurses.

YouTube-Nutzer stellen ihre Filme meistens unter Pseudonymen ins Netz, Webseiten haben kein Impressum. Die Grenze zwischen Realität und Fiktion verschwimmt im World Wide Web aufgrund seiner digitalen Verfasstheit und der Tatsache, dass alles nur aus Nullen und Einsen besteht, sodass kein Film oder Foto noch indexikalisch auf eine reale Vorlage verweist. So tauchte beispielsweise die Website Bloomberg2009.com auf, die augenscheinlich als Wahlkampf-Instrument des New Yorker Bürgermeisters Michael Bloomberg gedacht war – doch der parteilose Milliardär stieg, entgegen aller Gerüchte, nie in das Rennen ums Weiße Haus ein. Die Webseite war das Tor zu einer fiktiven Paralleldimension mitten im ganz realen Alltag des Webs.

Das Internet ist durch seine soziale, anonyme und artifizielle Natur das ideale Milieu für Gerüchte und »graue Propaganda«, also für Botschaften, deren Urheber nicht zu ermitteln sind. Bereits 2004 wurde dieses Potential genutzt. Eine Gruppe mit dem Namen »Swift Boat Veterans for Truth«, von der erst später bekannt wurde, dass sie von einem konservativen Think Tanks finanziert worden war, kratzte mit einer Webseite und E-Mail-Kampagne erfolgreich am Status von John Kerry als Kriegsheld. Und über Kerrys Ehefrau Theresa Heinz Kerry, die Witwe des Erbens des Ketchup-Imperiums, wurde verbreitet, sie plane Fabriken ins Ausland zu verlagern – obwohl sie gar keine Verbindung zu dem Unternehmen hat. Die Webseite der Firma wurde dennoch monatelang von Kerry-Gegnern belagert, Unternehmenssprecher gaben mehrere Presseerklärungen zum Thema ab – es erwies sich dennoch als unmöglich, die Gerüchte zu stoppen.

»Neben der wiederbelebten staatsbürgerlichen Partizipation hat das politische Internet auch eine dunklere, wütendere Seite«, schreibt das Institute for Politics, Democracy & the Internet in einer Studie, »einige Nutzer haben unabhängig Videos produziert [...], die mit verfälschten Fotos und Filmen von Wahlkampfveranstaltungen arbeiteten oder verfremdete Nachrichten verbreiteten; dabei werden Grafiken oder emotionale Bilder neben Schlagzeilen, Übersichten zum Abstimmungsverhalten der Kandidaten und ihren politischen Statements präsentiert«.[7]

Auch über Barack Obama halten sich hartnäckige Gerüchte auf Webseiten und in Blogs: Er sei kein Amerikaner, könne also gar nicht Präsident werden, wolle dies aber verschleiern, indem er seine Geburtsurkunde verheimliche. Er sei Muslim und habe bei der Vereidigung zum Senator von Illinois auf den Koran geschworen. Die Gerüchte entbehren jeglicher Substanz – und lassen sich mit Dokumenten und Filmaufnahmen leicht widerlegen. Die eigentliche Botschaft dieses politischen Spams, dass Obama ein unpatrio-

tischer, fremdartiger Charakter sei und weit entfernt von der Lebenswelt und den Werten normaler Amerikaner, bleibt jedoch in vielen Köpfen hängen. Obama selbst versucht auf der Webseite Fight the Smears solche Gerüchte zu widerlegen. Dort listet er selbst die idiotischsten Gerüchte auf und widerlegt sie mit kleinen Witzen, Daten und einem Faksimile seiner Geburtsurkunde. Die Seite fordert die Obama-Unterstützer auf, eintreffende Diffamierungsmails mit entsprechenden Gegen-E-Mails zu beantworten – und zwar an alle Empfänger im Adressbuch des Verleumders.
Der Krieg der Meinungen und Ideen ist im Internet-Zeitalter nicht nur dynamischer und bunter geworden, sondern auch dreckiger und gemeiner. Aus dem Spiel aussteigen kann jedoch niemand. Obama weiß das genau und fordert auf Fight the Smears seine Anhänger auf, die Wahrheit in die Welt zu senden. Das Internet ist das einzige Antidot gegen die Gefahren des Internet.

Anmerkungen

1 Eine detaillierte Darstellung des Pop-Begriffs bei John Fiske findet sich etwa in *Understanding Popular Culture*, Routledge 1989.

2 J. D. Salinger: *Der Fänger im Roggen*, Rowohlt 1965, S. 17.

3 Marshall McLuhan/Barrington Nevitt: *Take Today: The Executive as Dropout*, Harcourt Brace Jovanovich, 1972, S. 4.

4 Es kann durchaus vorkommen, dass man angesichts der gelegentlich nervtötenden Rund-um-die-Uhr-Berichterstattung zur US-Wahl Wutanfälle bekommt. Abhilfe schafft da das Politik-Battle-Spiel unter: {www.atom.com/spotlights/kung_fu_election}.

5 Das Kunstprojekt {www.barackobamaisyournewbicycle.com} war im Jahr 2008 so beliebt, dass der Schöpfer Matthew Honan ein Buch mit demselben Titel herausbrachte, das im August 2008 bei Gotham erschien und 366 fiktionale Beispiele für die transzendentale Güte von Obama liefert, darunter etwa: »Barack Obama hat in deiner Ausfahrt Schnee geschippt.« und »Barack Obama hat nachgesehen, ob unter deinem Bett irgendwelche Monster sind.«

6 Vgl. Colin Crouch: *Postdemokratie*, Suhrkamp 2008.

7 Carol Darr/Julie Barko: »Under the radar and over the top: Online political videos in the 2004 election«. Die Studie des Institute for Politics, Democracy and the Internet ist online verfügbar unter: {www.ipdi.org/UploadedFiles/under_the_radar_and_over_the_top.pdf} (Stand: Juli 2008).

4. Die dritte Partei

Eli Pariser besitzt das wohl größte Adressbuch der Welt. 3,4 Millionen Namen hat der Direktor der Online-Organisation MoveOn in einer Datei auf seinem Computer gespeichert. »3,4 Millionen Menschen«, sagt der 27-Jährige, und das Erstaunen und die Freude über die hohe Zahl wirken noch immer echt, »das muss man sich erst einmal vorstellen.« Also gut: 3,4 Millionen, das sind, umgerechnet in die geltenden Raummetaphern, genügend Menschen, um die Allianz-Arena in München knapp 50 Mal zu füllen oder eine 5800 Kilometer lange Kette zu bilden, die von New York quer durch die USA bis nach Los Angeles reichen würde, und wieder zurück, durch die Wüste, über Salzseen und die Berge bis zum Grand Canyon 3,4 Millionen Namen, das sind 75000 eng bedruckte Seiten, was, bei der handelsüblichen Papierstärke von 0,12 Millimeter pro Blatt, in etwa einen Stapel ergeben würde, der so hoch wäre wie der Zehn-Meter-Turm im Freibad, von dem man sich früher nie zu springen getraute. »Und jetzt«, sagt Eli Pariser, »stellen Sie sich vor, alle diese Menschen würden versuchen, zusammen etwas zu erreichen.« Er macht nach diesen Worten eine kurze, dramatische Pause.

MoveOn hat in den vergangenen Jahren mehr als 100 Millionen Dollar gesammelt und diese für linksliberale Kandidaten für den Senat oder das Repräsentantenhaus sowie Anzeigenkampagnen gegen den Irakkrieg und die Bush-Regierung ausgegeben. Mehrmals in der Woche schicken Eli Pariser und seine Strategen E-Mails an die Mitglieder und bitten sie, an einer Unterschriftenaktion teilzunehmen oder eine Kampagne zu unterstützen. Im Wahlkampf 2008 finanziert MoveOn zum Beispiel die TV-Kampagne »Bush/

McCain Challenge«, die auf die gemeinsame Agenda der beiden Politiker hinweisen soll. Und als der Kongress über den Verteidigungshaushalt der Regierung abstimmte, sammelte die Organisation mehr als 500 000 Unterschriften für den Rückzug aus dem Irak und übergab sie an die Büros der Abgeordneten. »Verschaffen Sie Ihrer Stimme Gehör!«, heißt das bei MoveOn.

In Washington versuchen viele Organisationen mit Geld, TV-Spots und anderen Lobbying-Tricks, die Präsidentschaftswahlen und die Politik im Allgemeinen zu beeinflussen. »Es gibt die Gewerkschaften, die National Rifle Association und die Vertreter der Wirtschaft«, so die Position der Organisation, aber »der einzelne Wähler hat keine Lobby. MoveOn wurde geschaffen, um die Macht der Durchschnittsamerikaner zu aggregieren und einzubringen.« MoveOn und andere Online-Kampagnen wie ActBlue oder der Club for Growth, das konservative Pendant, sind politische Akteure neuen Typs, ein Hybrid aus Partei, Verein und loser Gemeinschaft.

Die Online-Organisationen sind jedoch nicht nur ein Machtfaktor, mit dem man im *great game* von Washington zunehmend rechnen muss, sondern auch ein soziologisches Real-Life-Experiment, das Aufschluss darüber gibt, wie politische Willensbildung im digitalen Zeitalter aussehen könnte. »Democracy in Action«, steht auf der Webseite, die in den Farben der US-Flagge gestaltet wurde. Im Online-Shop kann man T-Shirts kaufen mit der Aufschrift: »Demokratie ist kein Zuschauersport.« Die Amerikaner saßen lange genug in den Fernsehsesseln und haben die politischen Debatten und Wahlkämpfe verfolgt wie ein Basketballspiel, nicht uninteressiert und manchmal sogar als Fan einer Mannschaft. Aber vor dem Fernseher ist man sich bewusst, dass man auf den Spielverlauf und das Endergebnis keinen Einfluss hat. Das Ziel von MoveOn ist es, dass die Zuschauer aufstehen, Bierdose und Fernbedienung aus der Hand legen und versuchen, ihrer Mannschaft zu helfen. Um mitzumachen ist erst einmal keine große Kraftanstrengung notwendig: Man wählt mit der Maus ein Feld auf der Homepage, gibt seine E-Mail-Adresse ein und klickt auf »Sign Up«. Im gleichen Moment erscheinen Name, Alter und Postleitzahl in den Datenbanken der Organisation.

Auf seinem Computer kann Eli Pariser MoveOn beim Wachsen zusehen: Christian in Kalifornien meldet sich an, Charlize aus New York, ein Mädchen aus Alabama. Pariser betrachtet den Monitor fasziniert. »Das Unglaubliche ist, dass hinter jeder Zahl ein Mensch steht«, sagt er. Der Blick auf die Live-Statistik gleicht dem orbitalen Blick auf den Planeten bei Google Earth, eine quasitranszendentale Erfahrung, das Gefühl nicht alleine zu sein, dass da draußen viele Freunde sind, mit denen man Interessen und Ansichten teilt. »Politik bedeutet Menschen und Geld zu verbinden«, sagt Pariser, »im Netz geht das einfach viel schneller.«

Soziale Medien wie das Internet, E-Mails oder SMS machen es immer leichter, mit anderen Menschen zu kollaborieren und kollektives Handeln abzustimmen – außerhalb traditioneller Organisationen und Institutionen. Oder wie es Clay Shirky ausdrückt: »Die Kosten, die entstehen, wenn man eine Gruppe bilden oder einer existierenden Gruppe beitreten will, sind auf dramatische Art und Weise gesunken, ja kollabiert.« Unter Kosten fällt dabei alles, was man ausgeben oder investieren kann: Energie, Zeit, Geld, Aufmerksamkeit. Wer sich im 20. Jahrhundert bei einer politischen Partei engagieren wollte, der musste sich bei einem Ortsverein anmelden, Beiträge zahlen, mehrmals im Monat einen Feierabend reservieren, um sich mit den Gesinnungsgenossen zu treffen, mit dem Zug oder dem Auto anreisen. Und am Morgen nach der Versammlung hatte man dann einen schweren Kopf, von den großen Ideen oder dem vielen Bier. Wenn eine Partei oder Bürgerinitiative unter dem analogen Informationsregime eine Botschaft verbreiten wollte, war das zeitaufwändig und kostenintensiv: Für Demonstrationen und Infostände brauchte man Personal, eine Kasse, ja eine eigene Bürokratie, und der Ertrag des Aufwands war unklar: Man konnte nur hoffen, dass die Passanten in der Stimmung sein würden, neue Informationen aufzunehmen oder auch nur kurz anzuhalten. MoveOn weist die Mitglieder heute per E-Mail auf eine neue Gesetzesinitiative oder eine Kampagne hin und kann darauf hoffen, dass die Mitglieder die Mail weiterleiten, sodass sich die Botschaft wie von selbst verbreitet.

In den Konferenzräumen großer Firmen stehen oft Flipcharts, große Tafeln mit Papierbögen, auf die Manager mit Filzstiften Organigramme zeichnen, schwarz auf weiß, ein komplexes Muster aus Kästchen, Kreisen und Pfeilen, Abteilungen, Hierarchien, Dienstwegen und Feedback-Schleifen. Die klassische Unternehmensstruktur hat die Form einer Pyramide: eine Masse an Arbeitern und Angestellten arbeitet in der Produktion, Vorgesetzte und Supervisoren sorgen für geordnete Abläufe, darüber wacht ein Abteilungsleiter, der wiederum dem Vice President untergeordnet ist, der den Vorstand informiert, an dessen Spitze ein Vorsitzender steht, ein alter weiser Mann, der das Unternehmen lenkt wie ein Kapitän einen Ozeankreuzer (und der die Menschen im Maschinenraum selten zu Gesicht bekommt). Diese Verantwortungspyramide ist erst im 19. Jahrhundert entstanden, als Eisenbahngesellschaften in den USA aufgrund des schnell wachsenden Streckennetzes und der explodierenden Transportkapazität zunehmend Probleme hatten, klare Strukturen für Kommunikation und Verantwortung zu schaffen. Die hierarchische Kommunikation reduziert Komplexität, weil es nicht länger notwendig ist, dass alle mit allen sprechen. Der Nachteil dieser Struktur ist, dass die Institution nicht ihre gesamte Energie darauf verwenden kann, ihre Mission zu erfüllen: Sie muss auch Ressourcen investieren, um Disziplin sicherzustellen und Arbeitsabläufe zu planen. Die politische Partei mit ihren Ausschüssen, regionalen Bezirken, politischen Flügeln und dem

Präsidium und Vorsitzenden ist der Prototyp der hierarchischen Organisation.

Eli Pariser hat kein Flipchart und selbst wenn er eines hätte, würde er auf die weiße Fläche nur wenige Striche setzen. Eine große, ovale Struktur – »unsere Mitglieder«. Aus diesem Organisationskörper führen einige schwarze Pfeile zu den Kampagnen-Managern, der Exekutive des Mitgliederwillens. Vor wenigen Jahren hätte MoveOn wohl ein großes Team gebraucht, um die 3,4 Millionen Mitglieder zu verwalten, ein Großraumbüro sowie Dutzende von Aktenschränken und Hierarchieebenen. Die Organisation hat aber nur zwölf feste Mitarbeiter, die alle im »Home Office« arbeiten, in New York, Washington und San Francisco und die permanent in E-Mail-Kontakt stehen. Es ist deshalb auch fast unmöglich, mit den Mitarbeitern ein normales Gespräch zu führen, andauernd piepst der Blackberry und fordert eine Reaktion. Eine Alarmglocke, die immer schrillt. Der Verzicht auf ein Hauptquartier ist auch ein Ausdruck der Management-Ideologie der MoveOn-Gründer Wes Boyd und Joan Blades, zwei Internet-Unternehmern aus der Bay Area. »Macht sammelt sich immer um die Leute herum an, die in der wirklichen Welt zusammen sind«, sagt Boyd. Deshalb soll bei MoveOn die Macht geografisch verteilt bleiben und sich frei durch die Datennetze bewegen, um dort zu sein, wo sie gebraucht wird. Der Verzicht auf feste Strukturen erlaubt schnelle Reaktionen und schafft eine transformative Qualität, die im Internet, wo alles immer in Bewegung ist, notwendig erscheint. Online-Organisationen, heißt es bei MoveOn, seien wie Stammzellen: lebendige Organismen, die flexibel verschiedene Funktionen übernehmen können: Online-Petitionen, Wohltätigkeitsveranstaltungen, Demonstrationen – je nachdem was gerade gebraucht wird. Wenn jemand eine gute Idee hat, dann fällt innerhalb von Minuten der Startschuss. Man muss keinen Aufsichtsrat fragen (es gibt keinen), man muss nicht die Buchhaltung konsultieren (eine E-Mail kostet nichts). Man drückt einfach einen Knopf mit der Aufschrift: »Send«.

Das Management-Konzept mit flachen Hierarchien und projektbasiertem Arbeiten ist eigentlich ein neoliberales Projekt. Wes Boyd, Joan Blades und andere fortschrittliche Unternehmer erobern es nun für die Linke, weil sie die demokratischen Potentiale, die durch die neue technische Infrastruktur und hyperindividualisierte Lebensstile entstehen, ernst nehmen und nicht dem Paradigma der Produktivitätssteigerung unterordnen. »Jedes Unternehmen braucht eine Mission. Unsere ist es, den Mitgliedern zu dienen«, sagt Pariser – und organisiert deshalb regelmäßig Umfragen und Abstimmungen, sogenannte »Virtual Townhall Meetings«. Was wollen wir? Wofür stehen wir? Wo geht es hin? MoveOn führte im Februar eine interne Vorwahl durch, bei der bestimmt wurde, welchen Demokratischen Kandidaten man unterstützen werde. 70 Prozent der Mitglieder stimmten für Obama. Danach startete die Organisation TV-Werbungen und Spendenaktionen für den jungen Senator aus Illinois.

Digital *und* analog

Anfang März im Lafayette Park, Washington D.C. Catherine hat alles gut geplant, eine E-Mail an die MoveOn-Mitglieder im Raum Arlington und im District of Columbia geschrieben, bei der Stadtverwaltung eine Erlaubnis für eine Versammlung eingeholt, sie hat bei der Zentrale ein paar Dutzend Plakate mit der Aufschrift »No Blood for Oil« und »Healthcare statt Krieg« geordert und sogar an die 500 Teelichter gedacht, die bei der MoveOn-Gedenkstunde für die Opfer des Irakkriegs leuchten sollen. Nur das Wetter, das konnte sie nicht von ihrem Computer aus planen. Nun ist der 25. März 2008 gekommen, der fünfte Jahrestag des Einmarschs im

Irak, und es regnet schon seit dem frühen Morgen in Strömen. Nicht gerade die idealen Bedingungen, um eine große Masse an Menschen zu motivieren, in der Öffentlichkeit für ihre politische Meinung zu demonstrieren. Auf der Rasenfläche bilden sich große Pfützen, von Osten her weht ein kalter Wind, und trotzdem sind 150 Leute zur MoveOn-Veranstaltung in den Lafayette Park gekommen. 200 Meter entfernt steht das Weiße Haus, Halogenstrahler tauchen den Marmorbau in ein kaltes, unwirkliches Licht. Die Menschen stehen dicht zusammengedrängt unter einer alten Ulme, als wollten sie sich gegen die Kälte, die Feuchtigkeit und die feindliche Aura der Regierung schützen. Die Körperwärme der Mitstreiter hilft – und der Gedanke daran, dass MoveOn-Mitglieder im ganzen Land in diesem Moment das Gleiche tun. 500 im New Yorker Central Park, 250 in San Francisco, aber auch im »anderen Amerika«, in Indiana, Alabama oder New Mexico.

Die Organisation veranstaltet oft nationale Events, um der virtuellen Masse eine reale Präsenz zu verschaffen: einen Benefiz-Kuchenverkauf für Barack Obama (unter dem Motto »Hungry for change«), Tage, an denen die Mitglieder sich in Hunderten von Kinos im ganzen Land am selben Tag einen Michael-Moore-Film anschauen, oder eben Mahnwachen für die Gefallenen des Krieges. Digital ist nicht immer besser, eine Online-Demonstration besteht doch nur aus Zahlen, aus Nullen und Eisen, im luftleeren Raum des Internet haben selbst drei Millionen Menschen kein Gewicht, und deswegen benutzt MoveOn gelegentlich auch die Mittel des analogen Zeitalters. Man müsse eben eine Taktik entwickeln, heißt es, um die Unterschriften und Zahlen effektvoll zu inszenieren und so die Reichweite zusätzlich zu erhöhen. Auch in den Lafayette Park kommen an diesem Abend mehrere Kamerateams und filmen die Demonstranten, die sich so dicht heranwagen ans Weiße Haus.

Catherine, 58, ist eigentlich Lehrerin. Die schlanke Frau mit grauem Pagenschnitt und tiefen Falten um den Mund herum organisiert regelmäßig Treffen für MoveOn. »Irgendjemand muss doch aufstehen und schreien«, meint sie. Ihr Mann hat in Vietnam gekämpft und nimmt noch immer Medikamente gegen posttraumatische Angststörungen. »Die Regierung achtet nicht auf die Menschen«, sagt sie und zeigt mit dem Finger auf das Veteranen-Amt nur ein paar Hundert Schritte entfernt. »Wie oft ich dort war und um Unterstützung gebettelt habe. Aber uns geben sie nichts.« Ihr Mann leidet an Gedächtnisstörungen und Angstattacken, er steht an diesem Abend dicht neben ihr, die Haare und das Gesicht sind grau. Er sagt nichts, beobachtet unruhig den Verkehr auf der Straße. Catherine sagt: »Und jetzt machen sie die nächste Generation kaputt.«

Anders als man vielleicht meinen könnte, besteht MoveOn nicht nur aus Nerds, Teenagern oder Studenten von den liberalen Hochburgen an den Küsten. Im Lafayette Park haben sich neben Studenten von der nahen Georgetown University auch Arbeiter, Afro-Amerikaner, Hispanics und einige Veteranen versammelt. 50 Prozent der Mitglieder sind über 50. Catherine trifft viele der Menschen zum ersten Mal. Die Tatsache, dass die E-Mail-Adressen auf den Servern der Organisation gespeichert sind, reicht als Bindemittel aus. Catherine begrüßt herzlich ihre Helferinnen, mit denen sie in den letzten zwei Wochen ein paar Dutzend E-Mails ausgetauscht hat, um die Aufgaben zu verteilen: »Ah, wie schön dich zu sehen.« Sie sagt: »Wir müssen einfach etwas tun. In unserem eigenen Mikrokosmos. Mit unseren eigenen Verwandten und Freunden.« Nach 60 Minuten löst sich die Ad-hoc-Gruppe auf, sie zerstreut sich in verschiedene Richtungen, Stadtteile und Gesellschaftsschichten. Es regnet noch immer. Das Weiße Haus leuchtet. Ein chinesischer Reporter nutzt die Szenerie als Hintergrund für eine Live-Schaltung in die Heimat. Wer weiß, was er den Menschen daheim erzählt.

Die erste Mail

Als Wes Boyd und seine Frau Joan Blades im Jahr 1998 die Webseite mit dem Namen »MoveOn.org« gründeten, dachten sie nicht im Traum daran, eine Dekade später eine so wichtige Rolle in Washington zu spielen. Boyd leitete in den neunziger Jahren eine Internet-Firma, die vor allem für ihre Bildschirmschoner bekannt wurde: Der fliegende Toaster ist eine Ikone der Internet-Frühzeit, und MoveOn sollte später ebenfalls eine starke Marke werden, ohne dass das je geplant worden wäre. In einer simplen Online-Petition wetterten sie gegen das Amtsenthebungsverfahren gegen Präsident Bill Clinton wegen der Lewinsky-Affäre, sie forderten die Politiker auf, sich auf die wichtigen Dinge zu konzentrieren und endlich weiterzumachen (engl. *to move on*). »Wir haben die Mail an ein paar Freunde geschickt«, erinnert sich Boyd, »und binnen weniger Wochen hatten wir 500 000 E-Mail-Adressen. Wir waren geschockt.« Ohne es darauf angelegt zu haben, hatten Boyd und Blades auf einen Schlag eine riesige Menge einer neuartigen Form politischen Kapitals eingesammelt: die Fähigkeit, Menschen schnell und einfach zu mobilisieren. Matt Bai, ein Autor des *New York Times Magazine*, schreibt dazu: »In der alten Welt gewannen die Menschen an Einfluss, wenn sie Geld hatten oder Beziehungen. Im virtuellen Zeitalter gibt es allerdings wenige Dinge, die so wertvoll sind wie eine richtig lange Liste – z. B. eine Datenbank mit Namen und E-Mail-Adressen, die man bestimmten Bedürfnissen oder Interessen zuordnen und daher per Knopfdruck mobilisieren kann.«[1] MoveOn, gegründet als One-Purpose-Organisation mit einem einzigen Anliegen, wuchs nach dem Ende des Amtsenthebungsverfahrens gegen Bill Clinton immer weiter. Neben der zunehmenden Vernetzung und der wachsenden Prozessorleistung waren es immer wieder besondere Ereignisse, die ein politisches

Engagement abseits der etablierten Wege nahelegten, etwa die manipulierte Wahl in Florida 2000 oder der 11. September und die Reaktionen der Bush-Administration. Wenige Tage nach den Anschlägen tauchte im Netz die Seite 9-11peace.org auf, eine Petition, die der damals 20-jährige College-Student Eli Pariser ins Netz gestellt hatte. »Wir, die Unterzeichnenden, bitten den Präsidenten [...], wohlüberlegt und gemäßigt auf die jüngsten Terroranschläge zu reagieren«, stand da, »wir flehen Sie an, wenn es irgend möglich sein sollte, auf internationale Institutionen und das Völkerrecht zu setzen, anstatt auf die Werkzeuge des Krieges, der Gewalt und der Zerstörung.« Innerhalb weniger Wochen unterzeichneten diese Petition mehr als 500 000 Menschen aus 192 Ländern. Seine Seite landete unter den Top 500 des Internet. Wenig später fusionierten MoveOn und 9/11peace.org und wurden so zu einer der größten Mitgliederorganisationen der USA.

MoveOn vs. McCain

2008 ist für MoveOn ein wichtiges Jahr. Fast täglich haben die Mitglieder neue Mails in ihrer Inbox. In der Betreffzeile steht dann: »Amerika muss aufwachen«, »Zeit zu handeln«, oder »Politisches Dynamit«, dringliche, starke Worte also, die sich knapp zusammenfassen lassen: »Wir müssen McCain stoppen.« Die Demokraten waren im Frühjahr 2008 durch den endlosen Vorwahlkampf zwischen Clinton und Obama wie gelähmt. »McCain fährt währenddessen durchs Land als wäre er schon im Amt«, heißt es bei der Organisation. Also übernimmt MoveOn die Aufgabe, den Senator zu attackieren, verschickt eine E-Mail, in der nachgewiesen wird, dass er gegen die Abtreibung ist und längst nicht so liberal und unkonventionell wie er sich bisweilen gibt. Man schaltet TV-Spots und startet Internet-Kampagnen, die immer wieder dasselbe

Bild zeigen: Bush und McCain in zärtlicher Umarmung. Ein klares Statement: »Er steht für die Fortführung der Politik von George W. Bush.«

MoveOn ist mittlerweile ein Megabrand des politisch-medialen Komplexes. Eli Pariser führt regelmäßig Telefonkonferenzen mit den Granden der Demokratischen Partei durch. Das Magazin *National Journal* wählte den Polit-Unternehmer kürzlich unter die 50 mächtigsten Demokraten. Und wenn die Organisation einen Filmwettbewerb ausschreibt, sitzen Matt Damon und Oliver Stone in der Jury. MoveOn ist also im Establishment angekommen, das man so gerne angreift, das Verhältnis zu den alten Eliten wird zunehmend ambivalent. Um das zu kaschieren, besteht ein Teil der Marken- und Imagearbeit darin, das rebellische Alleinstellungsmerkmal aufrechtzuerhalten. Besonders hilfreich ist dabei der gezielte Verstoß gegen die ungeschriebenen Knigge-Regeln und Sprachcodes des Betriebs. Im Jahr 2004 tauchte auf der Seite von MoveOn ein Video auf, das Bush indirekt mit Hitler verglich, und als General David Petraeus 2007 seinen Zwischenbericht zum Irakkrieg vorstellte, schaltete sie eine Anzeige mit dem Wortlaut: »General Betray Us«. Die Debatte über diese Wortmeldungen der Basis beherrschte wochenlang die Medienszene. Karl Rove, einer der wichtigsten Spin Doctors George W. Bushs, bezeichnete MoveOn wegen dieser Form des Antikriegsaktivismus als »Sympathisanten der Al Qaida«. Aber auch Demokratische Senatoren sprachen von unglücklichen, überzogenen Botschaften. Hillary Clinton hält die Internet-Aktivisten immer noch für eine unkontrollierbare Ansammlung von Anarchisten. Und vielleicht hat sie damit sogar recht. Die MoveOn-Macher wollen schließlich mehr sein als nur die hippe, ausgelagerte Fundraising- oder Propaganda-Abteilung der Demokraten. Nicht die Partei soll gewinnen, sondern die Demokratie.

Die Macht amerikanischer Parteizentralen gründet nicht nur auf

Parteibücher und Stallgeruch, sondern vor allem auf ihrer Fähigkeit, durch Kontakte zur Wirtschaftselite des Landes jene Mittel aufzutreiben, die für moderne Wahlkämpfe benötigt werden. Doch wer das Geld besorgt, kann auch das Programm und die Kandidaten bestimmen.

Geht es nach Eli Pariser, dann sind diese Zeiten vorbei. MoveOn verzichtet seit 2004 auf Beiträge reicher Mäzene sowie sogenanntes »corporate cash« und verkauft die Finanzierung durch Kleinstspenden – auf die nun auch Obama setzt – als Zukunftsmodell der Politik: »Die Partei braucht kein Firmengeld, um wettbewerbsfähig zu bleiben. Es ist unsere Partei, wir haben sie gekauft und jetzt nehmen wir sie uns zurück.« Und Wes Boyd meint dazu: »Es ist besonders schwierig, dem politischen Establishment klarzumachen, dass dieses Netzwerk nicht nur eine Reihe weiterer Werkzeuge bietet, mit denen man die Wähler manipulieren und ihre Konten anzapfen kann. Sie müssen kapieren, dass es uns darum geht, die Bürger mit einzubeziehen und in einen wechselseitigen Kommunikationsprozess zu involvieren.«

Das klassische Parteimitglied klebt Plakate und verteilt Flugblätter, die gefetteten Slogans werden vorher von Marktforschungsinstituten auf Allgemeinverträglichkeit getestet. Mitgliederversammlungen auf lokaler, regionaler und nationaler Ebene dienen vor allem dazu, die Beschlüsse der Parteileitung abzusegnen. Diese Top-Down-Prozesse wurden in den letzten 100 Jahren optimiert, routinisiert und automatisiert. Die politischen Produktionsmittel des Internet könnten diese Strukturen und Hierarchien umstoßen. Aktivisten treffen sich zu Diskussionen spontan in Chatrooms, wo sie von den Parteioberen nicht bevormundet werden können, die Druckerpresse steht nicht im Keller des Parteibüros, sondern in jedem Wohnzimmer, mit einigen HTML-Befehlen und einer Flatrate können auch versprengte Parteimitglieder im Mittleren Westen die politische Meinung neu formatieren. Insofern ist es also gar nicht erstaunlich, dass eine Organisation, die geschaffen wurde, um Bill Clinton zu verteidigen, mittlerweile zu den schärfsten Kritikern des immer noch von »Billary« kontrollierten Establishments geworden ist, ob es dabei nun um den unsozialen Kurs der neuen Mitte geht, um die mangelnde Aggressivität gegenüber George W. Bush oder die verdächtige Nähe zum großen Geld.

Eli Pariser, dieser mächtige junge Mann, wohnt zusammen mit seiner Freundin im Park Slope in Brooklyn. Im Erdgeschoss des Hauses befinden sich ein 99-Cent-Store und ein Discount-Geschäft – eine Parteizentrale neuen Typs, ohne Vorzimmerdame und ohne bronzene Statue des Parteigründers. Der 27-Jährige ist kein politisches Alphatier, das das Scheinwerferlicht liebt und die Begeisterung der Menschen braucht wie die Luft zum Atmen. Auf Online-Videos, auf denen Pariser zu den Mitgliedern spricht, sieht man einen netten, großen Jungen mit etwas zu langen Armen – einen digitalen Demagogen hätte man sich anders vorgestellt. Bei MoveOn arbeiten eben keine Insider des politischen Geschäfts, sondern »Menschen, die die Technologie verstehen. Wir suchen eine technische Sensibilität, Leute, die Spaß daran haben, Systeme zu optimieren«, sagt Pariser. Wenn er MoveOn heute beschreiben soll, verwendet er gerne folgende Metapher: Die Organisation gleiche einer enormen Anzahl von Mikrochips, die zu einem riesigen Rechner zusammengeschaltet würden, einer Art humanem Computer. Angst, den Kontakt zur Basis zu verlieren, hat Pariser nicht, auch wenn er in einem Zentrum der bourgeoisen Boheme lebt, inmitten all der Fahrräder, veganen Restaurants und Vintage-Kinderwagen und damit unendlich weit entfernt weg vom amerikanischen *heartland*. »Die meisten Menschen in Amerika sind eigentlich Liberale«, ist Pariser überzeugt, »wir müssen nur mit ihnen in Kontakt treten.«

Ein Haus in New Jersey. Fertigbau, Doppelgarage, 40 Quadratmeter Garten, das ganz normale, kleinbürgerliche Amerika, eine

Idylle aus dem Setzkasten. Jim Nelson hat im Juni 2008 etwa 30 Leute zu einem Kuchenverkauf eingeladen, der Erlös kommt den TV-Kampagnen von MoveOn zugute. »Bakesales« – mit diesem einfachen Instrument finanzieren sich auch Highschool-Basketballmannschaften ihre Trikots, es geht um eine Mischung aus Fundraising und Gemeinschaftserlebnis. MoveOn hat den Kuchenverkauf auf die nationale Ebene gehoben. Wie Nelson laden Menschen im ganzen Land Fremde zu sich nach Hause ein, man diskutiert über Politik und isst Kuchen für den Frieden. Politische Partys sollen dafür sorgen, dass Politik nicht nur von Insidern gemacht wird, sondern wieder zu einem Teil des Alltags wird, so wie man früher auf dem Markt-, Kirchen- oder Sportplatz über die Verfehlungen des Bürgermeisters diskutierte. Nudelsalat, Small Talk und Bowle werden durch das Internet zu einem nationalen Event von politischer Bedeutung – und manchmal spricht Eli Pariser per Konferenzschaltung oder Webcam zu allen versammelten Mitgliedern. MoveOn habe ein virtuelles Clubhaus für gleichgesinnte Linke erschaffen, die zufällig in feindlichen Gegenden gelandet sind, schreibt Matt Bai.[2] Die *bakesales* weben in den zerfasernden Vorstädten ein Netz zwischen den Bürgern und ähneln so den alten Clubs der Demokraten, die die Arbeiter auf ein Feierabendbier oder zum gemeinsamen Sport von der Straße oder aus dem Wohnzimmer holten. Diese Clubs haben längst zugemacht, das Democratic National Committee, die im Vergleich zu Europa ohnehin eher machtlose nationale Parteiorganisation, interessierte sich lange Zeit kaum für die politisch-kulturelle Basisarbeit und setzte vor allem auf Talkshows und Werbespots, die Mitglieder wurden nicht als Diskussionspartner oder Multiplikatoren gebraucht, sondern als schilderschwenkendes und jubelndes Kamerafutter für die Wahlkampfauftritte von Bill, Hillary, John und Barack. In dieses Vakuum ist nun MoveOn gestoßen. Matt Bai schreibt dazu: »Überall, wo die Partei sich zurückgezogen hat,

hat sich MoveOn ausgebreitet wie widerspenstiges Unkraut auf einem Flecken verbrannter Erde.«[3]

MoveOn inszeniert dieses politiische Kapital sehr geschickt auf der Webseite: Bei jeder Aktion, die man im Netz startet, läuft auf der Seite ein Live-Zähler mit, der dem Besucher zeigt, dass er nicht allein, sondern einer von Millionen ist – die flimmernden, rasenden Digitalziffern sind die Ikone der viralen Politik. Die natürliche Biografie einer Internet-Anwendung wie Google oder MySpace ist das exponentielle Wachstum. Das gilt auch für die Politikaktivisten. »Wir müssen wachsen«, heißt es in der Zentrale, »wir müssen Themen finden, die die Menschen inspirieren.« Im Internet ist Stillstand gleichbedeutend mit Rückschritt. Der Erfolg von MoveOn basiert darauf, dass die Strategen immer wieder Wege finden, die Mitglieder zu mobilisieren, E-Mails an Freunde und Bekannte zu schicken. »Message Object« heißt der genau kalibrierte Kampagnen-Anlass bei Pariser und Co. Die Botschaft muss große Themen haben, um das Interesse der Menschen zu wecken, sie muss aber auch erreichbare Ziele aufzeigen, damit die Leute daran glauben, etwas ausrichten zu können. »Plausible promise« (ein plausibles Versprechen) nennt das der Open-Source-Theoretiker Eric Raymond. Der Krieg im Irak war ein hervorragendes »Message Object«. Auch die Kampagnen gegen den rechten Nachrichtensender Fox News oder die Aussicht auf einen Präsidenten John McCain aktivieren die Basis. »Fünf-Minuten-Aktivisten«, hat Boyd seine Mitglieder einmal genannt. Politisches Engagement, das man vom Büros aus erledigen kann, während man an einer Excel-Tabelle sitzt.

Die Unverbindlichkeit dieser Art des Engagements passt gut in die Zeit. Der Soziologe Manfred Garhammer hat herausgefunden, dass Menschen dazu neigen, Aktivitäten mit hoher Zeit- und Sozialbindung durch solche mit niedriger Bindung zu ersetzen. Man bindet sich nicht mehr für viele Jahre an eine Partei, zahlt keine Mitgliedsbeiträge, hält sich ungern an feste Rhythmen. Die Menschen prüfen von Fall zu Fall, wofür sie sich einsetzen wollen. Natürlich fragen sich viele Beobachter, wie man mit diesem Instant-Aktivismus nachhaltig etwas erreichen soll, wo Max Weber die Politik doch einst als das langsame Bohren sehr dicker Bretter bezeichnete. »MoveOn hat nichts mit Politik zu tun«, schreibt ein Kritiker im Internet-Magazin Slate.com, »es handelt sich vielmehr um eine gruppentherapeutische Übung.« Ein Ventil, mit dessen Hilfe man Empörung ableitet, um dann wieder im System zu funktionieren.

Um eine Bewegung zu starten, musste man im prädigitalen Zeitalter die Massen mühselig durch Face-To-Face-Kontakt wachrütteln. 1968 gingen Studenten noch vor Fabriken, um mit den Arbeitern zu diskutieren. Doch die Werktätigen gingen an den Studenten vorbei in die Kneipe oder den Fußballverein. »Das alte Mittel, um eine Gruppe zu koordinieren, bestand darin, Menschen, die sich ein bisschen für ein Thema interessierten, dazu zu bewegen, sich ein wenig mehr zu interessieren und so zu Aktionen zu überreden«, sagt Clay Shirky. Die politisch hochmotivierten Studenten erlebten die Belegschaften als faul und fernsehfixiert, dabei hatten die nach 10-Stunden-Schichten vielleicht schlichtweg nicht mehr die emotionalen und intellektuellen Ressourcen für Latschdemos und stundenlange Diskussionen über den tendenziellen Fall der Profitrate. Eli Pariser schafft heute den Kontext und die Struktur – also Webseiten und Petitionen –, die es den Menschen erlauben, sich zu engagieren, ohne selbst zu Aktivisten zu werden, ein Klick genügt. Und vielleicht gewinnen die Menschen dadurch ja auch das Gefühl, Einfluss zu haben und mitzuspielen und vielleicht bringen sie sich gerade deshalb wieder stärker in die Politik ein. Das Internet als Einstiegsdroge in die Sucht Demokratie.

MoveOn funktioniert als Empörungsmaschine, die Geld und Aufmerksamkeit produziert und die dann am besten läuft, wenn sie

ein gutes Feindbild vor sich hat wie George W. Bush. Die McPolitiker kämpfen meistens gegen etwas und selten für konkrete politische Ziele. Eli Pariser ist sich der Tatsache durchaus bewusst, dass sich das Internet vor allem als Protestmedium auszeichnet, und macht sich Gedanken darüber, wie man Sachpolitik stärker zum Thema machen könnte. »Ich kämpfe nicht für die Vision, dass die Demokraten bald das Weiße Haus, den Kongress und den Supreme Court kontrollieren. Ich will, dass wir bei den Themen weiterkommen, die uns wirklich am Herzen liegen.« Themen wie Krankenversicherung, Waffenkontrolle und Globalisierung haben alle das Potential, die Basis zu mobilisieren. Pariser träumt von MoveOn 2.0 als virtuellem Think Tank, der Fragen beantwortet wie: Wofür kämpfen wir? Wie sieht eine zeitgemäße linke Politik aus, die nicht in den Kulturkämpfen des 20. Jahrhunderts verharrt, sondern sich globalen Problemen wie dem Klimawandel usw. stellt? Die hauseigenen Theoretiker sehen MoveOn nicht nur als Propaganda-Maschine, sondern auch als eine Vermittlungsinstanz, die Menschen miteinander in Beziehung setzt und so produktive Kräfte freisetzt. Oder wie Boyd erklärt: »Die Amerikaner sind klug, talentiert und verfügen über unglaubliche Ressourcen – all diese wunderbaren Eigenschaften. Heute erlaubt es uns die Technologie, dieses Potential anzuzapfen, wir können die Rolle des Katalysators spielen, indem wir diese Menschen dazu bringen, endlich aufzustehen.«
MoveOn verwaltet die Mitglieder nicht in einer langen Excel-Tabelle, sondern in kleinteiligen Datenbanken mit hoher Informationstiefe. Durch ständige Umfragen und die Speicherung der Mitgliederaktivitäten lernen die Aktivisten viel über die politischen Prioritäten und über die Psychografie des Landes: Postleitzahlen, Einkommen, Geschlecht, Alter, Beruf – diese Informationen vermitteln einen genauen Eindruck davon, wofür sich die Menschen wahrscheinlich engagieren werden. Pariser und Co. arbeiten aktuell an einer neuen Version der Seite, die nicht nur Geld und Online-

Präsenz sammelt, sondern zusätzlich das Wissen der Menschen vernetzt: Zum Beispiel könnte man alle Anwälte, die der Organisation angeschlossen sind, darum bitten, einen Gesetzestext zu prüfen. Ein erster Testlauf für diese Form der Kollaboration fand 2006 statt, als man die Mitglieder bat, sich bei Gartenpartys und Kuchenverkäufen auf ein politisches Ziel festzulegen und dieses in wenige Worte zu packen. Damals gewann »Health care for all« vor »Energy independence through clean, renewable resources« und »Democracy restored«. Das sind zwar keine neuen Themen, die Botschaften sind dennoch komplexer als die weichgespülten Slogans der großen Parteien à la »America United«, »Towards the Future« oder, in Deutschland, »Die neue Mitte«. Unabhängig davon sei diese Form des staatsbürgerlichen Engagements, das Sich-Treffen und Darüber-Reden an sich schon ein Gewinn, meint der Journalist Matt Bai: »Die Leute hatten das Gefühl, dass sie effektiv mitreden konnten über die Probleme des Landes. Wo haben die Wähler in der modernen amerikanischen Politik denn sonst die Chance, das zu tun?«[4]

Am Ende des Interviews mit Eli Pariser, das gerade einmal eine Stunde gedauert hat, hat MoveOn übrigens 180 neue Mitglieder gewonnen. Und so geht das weiter, Tag für Tag.[5]

Anmerkungen

1 Matt Bai: *The Argument. Billionaires, Bloggers, And the Battle to Remake Democratic Politics*, Penguin Press 2007, S. 81.

2 Ebd., S. 75.

3 Ebd.

4 Ebd., S. 189.

5 Im Jahr 2004 wurde in Deutschland die Organisation Campact gegründet, die mit ähnlichen Instrumenten dieselben Ziele verfolgt wie das amerikanische Vorbild. Die Organisation Avaaz (der Name leitet sich ab vom Hindi-Wort für Stimme oder Lärm) ist auf der transnationalen Ebene aktiv; vgl. Caroline von Lowtzow: »Avaaz, MoveOn, Campact. Demokratie ist kein Zuschauersport«, in: Heinrich Geiselberger (Hg.): *Und jetzt? Politik, Protest und Propaganda*, Suhrkamp 2007, S. 170-179.

5. In der Blogosphäre

Die kleine Gruppe von Demonstranten hat sich auf einer Verkehrsinsel zusammengedrängt und schwenkt Plakate und Banner. »China out of Tibet«, »Stop the violence« oder einfach »Freedom« steht darauf in schwarzen und roten Filzstiftlettern. Knapp 50 Menschen haben sich vor der chinesischen Botschaft in Washington versammelt um »ihren politischen Willen auszudrücken«, wie man so sagt, Exiltibeter, Studenten, ein paar alte Hippies mit Gebetsschal und Perlen im Haar, so wie vor 40 Jahren. Die Kommunikationsmittel, die sie einsetzen, waren ebenfalls in den sechziger Jahren up to date: Sprechchöre, Flugblätter und die kollektive Präsenz der Demonstranten hinterlassen im Washington des 21. Jahrhunderts aber kaum noch Wirkung. Die schwarz verspiegelten Fenster des Botschaftsgebäudes bleiben geschlossen. Die wenigen Passanten gehen achtlos vorbei, ein naher Papierkorb füllt sich rasch mit den gelb-rot-blauen Pamphleten. Und auch die Autos stoppen nicht, fahren weiter im Kreis, die Fahrer telefonieren oder hören laut Musik, manche kurbeln gar die Fenster hoch, die Parolen der Demonstranten prallen von den Glasscheiben ab. Um die Protest-Insel herum fließt der Verkehr, das Leben geht weiter.

Auch Jerome Armstrong hastet an der Pro-Tibet-Demonstration vorbei. Er hat es mal wieder eilig und hantiert nervös mit seinem Smartphone herum. Hätte der Blogger und Politikberater einen Moment Zeit, so würde er den Demonstranten vielleicht sagen, dass man seine Interessen im Jahr 2008 mit anderen Methoden verfolgt, dass die roten und schwarzen Buchstaben auf Papier nicht mehr hell genug leuchten und analoge Stimmverstärker wie Megafon und Mikrofon nicht laut genug sind. Aber Armstrong ist auf dem Weg zu der Konferenz Take America Back, einer Versammlung von linken Organisationen, die über Themen reden wie »The Crackup of Conservatism« oder »How to Plan a Successfull Campaign«. Armstrong ist der heimliche Star des Kongresses, er sitzt nicht auf dem Podium, sondern kauert in einem Sessel in einer Ecke der Hotellobby und hält Hof. Eine kleine Schlange bildet sich vor dem untersetzten, blassen Mann, geduldig warten die Neugierigen, bis sie ihm ein paar Fragen stellen können: Sind wir schon stark genug? Müssen wir Angst haben vor unseren Gegnern? Was bringt die Zukunft? Jerome Armstrong ist der Gründer des einflussreichen politischen Blogs MyDD.com. In der Szene nennt man ihn auch den »Blogfather«, den Paten der Blogosphäre, und genau wie Don Corleone in Coppolas Film über die soziale Natur der Macht wirkt auch Don Armstrong vor allem im Hintergrund. Er muss nicht schreien, seine Worte sind auch so mächtig.

New Kids on the Blog

»Blog« oder »Weblog« bedeutet ursprünglich so viel wie »Tagebuch« – ein harmloser, beinahe missverständlicher Begriff für diese neue Publikationsform (MyDD.com oder DailyKos.com sind höchstens in dem Sinne Tagebücher, wie auch der Kapitän eines Kriegsschiffes ein Logbuch führt). Armstrongs MyDD.com wird jeden Tag von mehr als 100 000 Menschen gelesen. Der Blog seines guten Freunds Markos Moulitsas Zúniga (DailyKos.com) hat gar 700 000 Besucher – und damit mehr Leser als die großen linken Publikationen *The American Prospect*, *The Nation* und *The New Republic* zusammen. »Blogs sind erst einmal nur ein Medium«, meint Armstrong, ein Publishing-Tool, das jedem Menschen die Möglichkeit gibt, ohne große Ressourcen und technisches Wissen kontinuierlich Texte im Internet zu posten. Zum Zeitpunkt der

Veröffentlichung dieses Buchs gab es weltweit mehr als 112 Millionen Weblogs – jeden Tag werden mehre Zehntausend neue Online-Tagebücher generiert. Es gibt Weblogs, die über neue Automodelle berichten, Weblogs, auf denen Juristen über Gesetze und EU-Verordnungen schreiben, Weblogs über Nachrichten, PR, Sport, Kosmetik, Beziehungen, Sex – das ganze Leben eben.

Kaum ein Blog wird als Alternative zu den Massenmedien oder mit dem Ziel gestartet, eine globale Öffentlichkeit zu erreichen. Bei den Leserkreisen handelt es sich um »Nano-Zielgruppen«, also sehr kleine Nischen mit spezifischen Interessen. »Der typische Blog«, sagt Armstrong, »wird von einer Teenagerin geschrieben, die mit ein paar Einträgen im Monat ihre Freunde und Klassenkameraden über ihr Leben auf dem Laufenden hält.« Aber jeder Blog habe zumindest das Potential, größenmäßig in die Liga der Massenmedien aufzusteigen. In der Top-10-Liste der Seite Technorati finden sich Blogs wie Gizmodo, der über Technik-Innovationen berichtet, oder PerezHilton, wo der Nutzer Fotos von Hollywood-Stars und entsprechende Kommentare findet. Nur wenige Mega-Blogs funktionieren als Kristallisationspunkte, als Informations-Hubs der Blogosphäre – genau wie Flughäfen wie John F. Kennedy in New York, Frankfurt oder Charles de Gaulle bilden sie die Knotenpunkte und Drehkreuze, über die ein Großteil des Traffics läuft.

Weblogs wie DailyKos und MyDD sind so etwas wie die Mutterschiffe der liberalen Blogosphäre, elektronische Hybride aus Medienschau, Schwarzem Brett, Fundraising-Werkzeug, Umfragerechner – vibrierende Zentren also. Den prototypischen Blog-Eintrag gibt es nicht. Manche Posts kommentieren die Presseberichterstattung zu einem bestimmten Thema, andere greifen politische Gegner an oder listen Umfrageergebnisse zum Präsidentschafts- oder Kongresswahlkampf auf. Auf den Mega-Blogs schreiben nicht nur die Gründer selbst. Armstrong und andere sogenannte »A-List-Blogger« (die man mit den Chefredakteuren von Print-Publikationen vergleichen kann) suchen nach talentierten, meinungsstarken Autoren, die sie einladen, auf ihren Seiten zu veröffentlichen. Anders als in Deutschland, wo Blogger bis auf wenige Ausnahmen unter der Wahrnehmungsschwelle der breiten Öffentlichkeit agieren und äußerst selten politische Wirksamkeit erlangen, stellen Blogger wie Armstrong oder Moulitsas in den USA regelrechte *gatekeeper* dar, sie sind zu Meinungsführern und Protagonisten einer Medienrevolution geworden, weil sich immer mehr Menschen ihre politischen Nachrichten nicht (oder nicht ausschließlich) aus Tageszeitungen und Fernsehnachrichten holen, sondern auch aus der Blogosphäre.

Immer wieder werden Blogs von Journalisten und Intellektuellen kritisiert, weil sie wenig »original reporting« liefern und, wie Bill Keller, der Chefredakteur der *New York Times*, sagt, lediglich »die Nachrichten recyclen und wiederkäuen«. Im *New Yorker* war gar die Rede von einem »parasitären Verhältnis, das beinahe alle Nachrichtenseiten sowie Blogs zu den Tageszeitungen haben«. Dabei haben Blogger mit eigenen Recherchen durchaus bereits Themen auf die politische Agenda gesetzt: Der Journalist Josh Marshall habe, so die *Columbia Jouralism Review*, »fast im Alleingang die Story um die entlassenen Staatsanwälte zum Kochen« gebracht[1]. (Im Dezember 2006 hatte die Bush-Regierung sieben politisch unliebsame Staatsanwälte entlassen.) Aufgrund des Skandals musste später Justizminister Alberto Gonzales zurücktreten – und Marshall gewann als erster Blogger einen wichtigen Journalistenpreis, den George Polk Award. In seiner Dankesrede wies er darauf hin, dass er auf die Mitarbeit seiner Leser angewiesen sei, und betonte den kollaborativen Aspekt seines Blogs Talking Points Memo oder kurz TPM. Gerade über die Kommentare und elektronischen Leserbriefe bekäme er immer wieder Hinweise von Lesern, die in Behörden oder Firmen arbeiten und ihm deshalb »Zugang zu einer riesigen Menge an wertvollen Informationen« geben könnten. So gelangte

er beispielsweise im Zusammenhang mit dem Wirbelsturm Katrina an exklusive Informationen über das tatsächliche Ausmaß der Katastrophe und das Versagen der Bush-Administration.
Blogs liefern keine geschlossenen, linearen Texte eines individuellen Autors, sondern vielmehr eine Informationsmatrix aus dem ursprünglichen Eintrag oder Post, den Kommentaren der Leser und sogenannten »Trackback-Listen«, in der alle Beiträge in anderen Blogs aufgeführt werden, die auf den eigenen Eintrag verweisen – so entsteht ein dichtes Netzwerk aus Autoren, Lesern und Aktivisten, die in der Lage sind, Geld und Aufmerksamkeit zu sammeln. In Anlehnung an die Graswurzelaktivisten des analogen Zeitalters spricht Jerome Armstrong deshalb von den »Netroots«, von Kollektiven, die eine ähnlich große Macht akkumulieren können wie Medienkonzerne – nur ohne Immobilien-, Personal- oder sonstige Fixkosten im neunstelligen Bereich.

Politische Sorgfaltspflicht

Jerome Armstrong ist 41 Jahre alt, und es hat eine Weile gedauert, bis er seine Bestimmung gefunden hat im Leben. In den achtziger und neunziger Jahren reiste er wie ein postmoderner Nomade durch die USA und betrieb, was man dort »Soulsearching« nennt. Er folgte Grateful Dead auf deren Endlos-Tour durch den amerikanischen Westen, verdiente ein bisschen Geld auf einem historischen Jahrmarkt in Nevada und war Mitglied des Peace Corps in Sierra Leone. Später arbeitete er als Tagelöhner auf Hawaii, verbrachte ein Jahr in einem buddhistischen Camp in Massachusetts und versuchte sein Glück als Importeur aromatischer Hölzer in Portland, Oregon. Jerome Armstrong war in seinem gar nicht so langen Leben also schon Roadie, Tramp, Handelsvertreter, Entwicklungshelfer, Mönch und Daytrader. »Ich würde nicht sagen, dass ich ein einfaches Leben hatte«, sagt er, »aber als ich das Internet entdeckte, haben sich eine Menge Türen für mich geöffnet.« Armstrong beschreibt den Zeitpunkt, in dem er im Jahr 2000 die Message Boards und Weblogs entdeckte, heute als »schicksalhaften Augenblick«. Eigentlich hatte er auf dem Weblog My Due Dilligence kurz MyDD (dt. etwa »meine Sorgfaltspflicht«) über Aktien und Kursentwicklung schreiben wollen. Später benannte er die Seite in My Direct Democracy um. Armstrong schrieb über Politik wie über Aktien, schnell, scharf, meinungsstark: Wer gewinnt? Wer verliert? Wo sind die Stärken, Schwächen, Möglichkeiten und Gefahren? Aus dem Privatprojekt wurde ein politisches. »Ich habe angefangen weil ich eine Stimme in der Politik haben wollte«, sagt Armstrong. Im politisch aufgeheizten Klima nach der umstrittenen Präsidentschaftswahl 2000 und dem 11. September fand Armstrong schnell eine große Leserschaft. »Das Fehlen geografischer Grenzen macht es möglich, große Gruppen von Menschen mit ähnlichen Überzeugungen zusammenzubringen«, sagt Armstrong, »und der technologische Fortschritt ermöglicht es auch nicht gerade technikaffinen Menschen, solche Gruppen anzuführen.« MyDD.com wurde zu einem offenen, lauten Forum, auf dem auch ein gewisser Markos Moulitsas im Jahr 2002 begann, über Politik zu schreiben, um später den mächtigsten Blog der Welt zu gründen.

Die Erweckungserlebnisse für die politische Blogosphäre, schreibt Matt Bai, »waren das Amtsenthebungsverfahren gegen Bill Clinton und die umstrittene Präsidentenwahl im Jahr 2000«.[2] In dieser Zeit erwachte bei einer Generation plötzlich ein politisches Bewusstsein, die sich in den Neunzigern durch Clubs, Lofts und das Leben hatte treiben lassen und nun plötzlich merkte, dass es an der Zeit war, Stellung zu beziehen. Blogs wie MyDD und DailyKos wurden schnell zu den virtuellen Treffpunkten solcher undogmatischer Linker, sie funktionieren aber nicht wie ein offener Platz (wie das demokratisch idealisierte Forum im alten Rom, zu dem alle Bürger

Zutritt hatten), sondern eher wie eine Kneipe, deren Stammgäste eindeutig einen Politiker oder eine Partei bevorzugen. Die Netroot-Aktivisten kennen dabei nur Links oder Rechts, Null oder Eins, Gut oder Böse. Oder wie Matt Bai schreibt: »Gemäß dem Blogger-Ethos müssen die Republikaner zerquetscht, geschlagen und gedemütigt werden. Und jeder Demokrat, der nicht dieses Ziel verfolgt oder gar darüber nachdenkt, ob man nicht bei einzelnen Gesetzgebungsverfahren zu Themen wie Steuern oder Landwirtschaft mit den Republikanern kooperieren könne, gilt als Verräter.«[3] Für das Establishment der Demokratischen Partei, das, wie Armstrong sagt, nur an der »Macht bleiben wolle, um zu Cocktail-Empfängen zu gehen«, haben sie nur Verachtung übrig.

Die Blogger verhalten sich wie die enttäuschten Anhänger einer Fußballmannschaft, die ihren Club lieben, deshalb von dessen Schwäche persönlich getroffen sind und an den Stadiongittern rütteln, die Entlassung des Trainers fordern und die reiche Elite (»Scheiß Millionäre!«) verachten. »Die Elite der Medien hat uns im Stich gelassen. Die politische Elite hat uns im Stich gelassen. Die Republikaner haben uns im Stich gelassen, weil sie nicht in der Lage sind, dieses Land zu regieren. Die Demokraten schließlich haben uns im Stich gelassen, weil sie einfach nicht gewinnen können. Alle unsere politischen Organisationen, alle unsere politischen Führer haben uns also im Stich gelassen. Und jetzt sind wir dran«, schreiben Armstrong und Moulitsas in *Crashing the Gate*.[4]

Der Einfluss der politischen Weblogs nahm sehr schnell zu. Als Leser- und Klickzahlen wuchsen, tauchten sie auf dem Radar der Mainstream-Medien auf. 2002 wurde mit Armstrong der erste Blogger von CNN interviewt. Einen ersten Eindruck ihrer Durchschlagskraft hinterließen die Online-Meinungsführer, als es ihnen im selben Jahr gelang, den mächtigen Republikanischen Senator Trent Lott zum Rücktritt vom Vorsitz der Republikanischen Fraktion im Senat zu zwingen. Lott hatte auf dem 100. Geburtstag von Strom Thurmond, einem Politiker aus Mississippi, der 1948 mit rassistischen Parolen für das Weiße Haus kandidiert hatte, gesagt: »Als Thurmond kandidierte, haben wir ihn gewählt. Wir waren stolz darauf, und wenn der Rest des Landes unserem Beispiel gefolgt wäre, hätten wir nicht seither all diese Probleme gehabt.« Die etablierten Medien ignorierten diese Aussagen, aber weil Josh Marshalls Blog TPM hartnäckig darüber berichtete und Unterschriften- sowie Protestaktionen startete, drang der Skandal dann doch ins Bewusstsein der Öffentlichkeit.

Laut einer Studie des Pew Institute lesen heute 30 Prozent der Erwachsenen politische Blogs, der Think Tank NPN hält sie deshalb für einflussreicher als das Democratic National Committee oder große Umweltschutzorganisationen wie den Sierra Club. Prominente Blogger wie Moulitsas, Duncan Black oder Armstrong sind laut Simon Rosenberg heute »wichtige Anführer, wenn es darum geht, Amerika einen neuen Weg zu weisen«. Mit anderen Worten: Sie gelten als Fackelträger des digitalen Zeitalters.

Der Aufstieg der unabhängigen politischen Websites hat vermutlich viel mit der Krise der traditionellen Medien, vor allem der Zeitungen zu tun. In dieser Situation könnten die Blogs dafür sorgen, dass die Bürger auch in Zukunft nicht nur über Klatsch, Wetter und Sport informiert werden, sondern auch über Justizskandale, Sozialreformen und die internationale Politik.

Schon in den späten zwanziger und frühen dreißiger Jahren hatte Bertolt Brecht in seinen Aufsätzen zur Radiotheorie ähnliche Gedanken formuliert:

> »Der Rundfunk ist aus einem Distributionsapparat in einen Kommunikationsapparat zu verwandeln. Der Rundfunk wäre der denkbar großartigste Kommunikationsapparat des öffentlichen Lebens […] das heißt, er wäre es, wenn er es verstünde,

> nicht nur auszusenden, sondern auch zu empfangen, also den Zuhörer nicht nur zu hören, sondern auch sprechen zu machen und ihn nicht zu isolieren, sondern ihn in Beziehung zu setzen. Der Rundfunk müsste demnach aus den Lieferantentum herausgehen und den Hörer als Lieferanten organisieren.«[5]

Auch Hans Magnus Enzensberger träumte 1970 von der mobilisierenden Kraft der elektronischen Medien und schrieb in techno-marxistischem Duktus: »Zum ersten Mal in der Geschichte machen die Medien die massenhafte Teilnahme an einem gesellschaftlichen und vergesellschafteten produktiven Prozess möglich, dessen praktische Mittel sich in der Hand der Massen selbst befinden.«[6]
Weder umgebaute Transistorradios noch Stadtteilzeitungen oder Piratensender konnten diese Hoffnungen erfüllen. Erst jetzt steht mit dem Internet und einfach zu bedienender Blog-Software ein mediales Produktionsmittel mit wahrhaft emanzipatorischen Potentialen bereit. Bei der Politisierung dieser Medien spielten die Wahlen in Florida im Jahr 2000 (von Bloggern gerne als »Bush-Putsch« tituliert) und der Irakkrieg eine zentrale Rolle. Beide Male versagten die renommierten Medien. Von CBS bis zur *New York Times* fehlte es den Journalisten an Können, Klugheit oder am Mut, die Propaganda-Lügen der Regierung in Washington zu durchschauen und aufzudecken. Blogger könnten solche Einseitigkeiten in Zukunft korrigieren und gleichzeitig dafür sorgen, dass die Pressefreiheit nicht zur Freiheit von 200 reichen Leuten verkümmert, ihre Meinungen zu verbreiten.

Mrs. Hamsher geht nach Washington I

8:30 Uhr in Arlington, Virginia. Jane Hamsher setzt ihren Kleinwagen aus der Ausfahrt und fährt los in Richtung Washington.

Im Ohr steckt ein Headset. Die Gründerin des Blogs Firedoglake telefoniert mit Mitarbeitern und Kongress-Abgeordneten, sie will eine Beschwerde bei der FEC einreichen. »Sie müssen uns einfach mehr Daten zur Verfügung stellen«, sagt sie. »Nur zu erfahren, wie viel Geld die Kandidaten einnehmen, reicht nicht. Es müssen auch alle Ausgaben detailliert aufgeführt werden.«

Jane Hamsher ist Anfang vierzig, überaus energisch, ihre blondgefärbten kurzen Haare bilden aggressive Spitzen. Schnell und routiniert steuert sie den Wagen über die dicht befahrene Ringstraße vor den Toren der Hauptstadt. Ihren Blog startete sie 2004 »als reines Hobby«, wie sie heute sagt. Damals arbeitete Hamsher noch als Filmproduzentin in Los Angeles – zu ihren bekanntesten Projekten gehört Oliver Stones *Natural Born Killers*. 2005 zog sie an die Ostküste, allerdings nicht, um Amok zu laufen, sondern um den Plot eines anderen Kassenschlagers in die Realität umzusetzen: Frank Capras Film *Mr. Smith geht nach Washington*, in dem James Stewart 1939 seinen Durchbruch feierte, zeigt die Geschichte eines ganz normalen Amerikaners, der in die Hauptstadt zieht und dort von der Klüngelei und Korruption schockiert ist, bis sich am Ende durch seine bodenständige Ehrlichkeit alles zum Guten wendet. Jane Hamsher will neue Werte in Washington durchsetzen, nicht nur auf der Leinwand, sondern auch im richtigen Leben. *Mrs. Hamsher geht nach Washington* ist keine Fiktion, die man passiv im Kinosessel verfolgt, sondern ein interaktives Spiel, in dem es wie in vielen Videospielen am Ende um nichts weniger geht als darum, die Welt zu retten.

In der Kopfzeile der Firedoglake-Homepage brennt eine blaue Flamme. Demokraten sind nicht nur brav, harmoniesüchtig und um Ausgleich bemüht, soll das heißen. »Wir können auch anders«, ruft Hamsher, »wir brennen für etwas. Wir treten ein für eine progressive Agenda.« Sie sieht sich weniger als Journalistin denn als Aktivistin oder Community Organizerin. »Die Menschen wollen sich interaktiv mit den Nachrichten auseinandersetzen, die Dinge in Frage stellen, die dort gesagt werden. Das ist ein selbstverständlicher Aspekt des Internet.« Politische Weblogs sieht sie nicht nur als Alternative zu Zeitungen, sondern als Instrument, um Menschen zu koordinieren. Firedoglake etwa kämpft zurzeit gegen ein neues Fernmeldegesetz, das den Datenschutz gefährden könnte. Hamsher veröffentlichte die Telefonnummern und E-Mail-Adressen der Abgeordneten, die darüber entscheiden, und forderte die Leser auf, ihre Meinung kundzutun – mit dem Ergebnis, dass das Gesetz bislang nicht verabschiedet wurde. Die Beeinflussung von Abgeordneten nennt Hamsher »Citizen Whip Count«. »Whips« (dt. Einpeitscher) heißen in den USA eigentlich die Fraktionschefs in Senat und Repräsentantenhaus, die mit harter Hand die Abgeordneten zur Parteidisziplin zwingen. Mit den Blogs wird diese Funktion nun quasi vergesellschaftet – »Wir sind die Fraktionschefs!«. Oder wie Matt Bai es formuliert: »Die Einführung von Breitband-Internet-Zugängen machte virales Marketing zum effektivsten Instrument, um mit Ideen ausgewählte Konsumenten zu erreichen. Und die politischen Blogs waren ungefähr so ansteckend wie die Vogelgrippe.«[7] Die Blogs sammeln, bündeln und steuern Aufmerksamkeit, Geld und andere Ressourcen des politischen Protests – wie ein roter Laserstrahl, der auf der Suche nach einem Ziel über die Landkarte saust.

Jane Hamsher sieht in den Blogs eine »Waffe«, eine Organisationsstruktur, die mit der berüchtigten »Vast Right Wing Conspiracy« mithalten kann, wie Hillary Clinton die konservative Allianz von Fox News, konservativen Radio-Moderatoren wie Rush Limbaugh und den reichen und radikalen Think Tanks wie dem Cato Institute und der Heritage Foundation nannte, die in den letzten 20 Jahren sehr erfolgreich die neoliberale bzw. neokonservative Ideologie propagierten. Jane Hamsher sagt: »Die Blogosphäre kann für die Linke die Aufgabe übernehmen, die auf der Rechten die evangelikalen Kirchen haben.« Damit waren sie durchaus erfolgreich. Als die Demokraten im Jahr 2006 den Senat und das Repräsentantenhaus zurückeroberten, wandte sich Harry Reid, der neue Fraktionsvorsitzende im Senat, über DailyKos mit einer Videobotschaft an die Szene: »In den letzten fünf Monaten haben Sie zahllose Stunden darauf verwendet, Republikaner bloßzustellen und sich als freiwillige Helfer für Demokratische Kandidaten zu engagieren. Ohne die Netroot-Aktivisten wären wir Demokraten nicht in der Position, in der wir heute sind. So einfach ist das.«

Auf Firedoglake, DailyKos und MyDD finden sich nicht nur Polemiken, sondern auch nackte Zahlen und nüchterne Analysen. Meinungsumfragen, Spendenstatistiken, Tabellen und Grafiken. Eines der wichtigen Projekte von Hamsher, Armstrong und Co. besteht darin, im ganzen Land die Wahlkreise ausfindig zu machen, in denen ein linker Kandidat gegen einen Republikaner gewinnen könnte. »Die progressive Blogosphäre hat Millionen von Lesern in jedem Winkel des Landes. Wir können dabei helfen, vor Ort Aktivisten zu organisieren«, sagt Jerome Armstrong. Das Establishment der Demokraten setzte lange auf die wenigen großen *swing* bzw. *battleground states*, Staaten wie Florida, Ohio und New Mexiko, in denen die beiden großen Parteien fast gleichauf lagen. Dabei vernachlässigte man weite Teile des Landes. Jerome Armstrong spricht voller Verachtung über die »Berater, Werber und Strategen, die sich über Landkarten beugen, teure Anzeigen schalten und so viele Millionen Dollar ausgeben, um alle zwei Jahre eine Wahl ganz knapp zu verlieren«. 2005 nahmen die Blogger das Heft selbst in die Hand, um den Partei-Strategen zu beweisen, dass es auch anders geht. Damals fand in einem Wahlkreis in Ohio ein außerplanmäßiger Urnengang statt. Seit 1974 hatte hier kein Demokrat mehr gewonnen, Bush hatte bei den Wahlen 2004 rund 64 Prozent der Stimmen geholt. Wegen mangelnder Erfolgsaussichten stellten die Demokraten kaum Mittel für den Wahlkampf ihres Kandidaten

Paul Hackett bereit. Der Irakkriegsveteran und Kriegsheld Hackett war eine Art Demokratischer Poster Boy – telegen und schlagfertig. Er setzte sich für das Recht auf Abtreibung ein, kämpfte gegen die Ölförderung in Alaska und nannte George W. Bush, der seinen Militärdienst Ende der sechziger Jahre bekanntlich nicht in Vietnam, sondern bei der Nationalgarde in Texas absolvierte, einen »Chickenhawk« (was man in etwa als »großspurigen Drückeberger« übersetzen könnte) und »Hurensohn«. Einige lokale Blogs wie OH-02 nahmen sich des Kandidaten an, schrieben Porträts und verfassten Aufrufe und Manifeste. Bald wurden nationale Websites wie SwingstateProject und ActBlue auf die Wahl aufmerksam, schließlich stiegen auch A-List-Blogs wie DailyKos und MyDD ein. Medienwissenschaftler sprechen von einem »Blogswarm«, wenn sich Nachrichten durch Massenmails und Links blitzartig verbreiten wie eine digitale Lawine. Am Ende hatten die Netroot-Aktivisten 500 000 Dollar gesammelt, fast zwei Drittel von Hacketts gesamtem Budget. Am Ende verlor der Außenseiter denkbar knapp, gerade einmal um 3,5 Prozent.

Trotz der Niederlage haben die Blogger daraus enormes Selbstbewusstsein gezogen. Seitdem haben sie immer wieder einen Kandidaten adoptiert – manchmal sogar gegen den Widerstand der Demokratischen Partei. Im Jahr 2006 unterstützten einige Blogs im Vorwahlkampf in Connecticut den Unternehmer Ned Lamont, einen politischen Newcomer, der ohne großen Namen und ohne Apparat gegen den altgedienten Senator Joe Lieberman antrat, der sich bei den Bloggern durch Bush-freundliches Abstimmungsverhalten unbeliebt gemacht hatte. Ein Eintrag auf MyDD gibt die Stimmung der Nacht vor der Wahl wieder: »Es fühlt sich an wie die Ruhe vor der Entscheidungsschlacht in einer Blockbuster-Triology. Als ob wir gleich die Tore von Mordor stürmen oder mit unserer winzigen Flotte gegen einen Todesstern antreten würden.« Lamont gewann die parteiinterne Vorwahl, verlor aber später in der eigentlichen Abstimmung gegen Lieberman, der als Unabhängiger antrat. Die Blogger fühlen sich mittlerweile so mächtig, dass sie Politiker sogar gegen deren ausdrücklichen Willen zum Kandidaten erklären. 2006 machten sie sich aktiv auf die Suche nach einem Kandidaten, der dem Gouverneur von Virginia, George Allen, das Amt streitig machen sollte. Der Blog Raising Kaine kam auf James Webb, der während der Amtszeit Ronald Reagans Marinestaatssekretär gewesen war und sich später zum Kriegsgegner gewandelt hatte. Die Blogger bastelten eine Webseite mit dem Titel DraftJamesWebb.com ins Netz und schrieben auf DailyKos: »Wir sind eine Gruppe von Demokraten in Virginia, die James Webb überreden wollen, gegen George Allen anzutreten. Dieser Wahlkampf bekommt wenig Aufmerksamkeit vom Democratic National Committee, deshalb ist es wichtig, dass sich die Blogosphäre engagiert« – wenige Tage später hatten mehrere Tausend Menschen auf der Seite unterschrieben und 20 000 Dollar gesammelt. Der Begriff »Draft« bezeichnet in den USA sowohl die Praxis, im Baseball oder Basketball die besten College- und Uni-Spieler für die Profimannschaften auszuwählen, als auch das Losverfahren, nach dem früher die Wehrpflichtigen eines Jahrgangs in die Streitkräfte eingezogen wurden. Webb wurde weich, er erklärte, der »spontane Enthusiasmus der »Draft«-Bewegung sei »ein großer Motivationsschub« gewesen. Er stieg ins Rennen ein und gewann tatsächlich gegen den Amtsinhaber, den Republikaner George Allen, der sich während des Wahlkampfs durch den bereits erwähnten »Macaca Moment« selbst aller Chancen beraubt hatte. Die Blogger fungieren nun als Headhunter und Strategen, die talentierte Menschen auswählen, damit diese ihre Pflicht erfüllen.

Der digitale Bürgerkrieg

Auf den ersten Blick könnte man meinen, nicht der Informatiker Tim Berners-Lee habe das World Wide Web erfunden, sondern Jürgen Habermas, der immer wieder die Bedeutung der Kommunikation, der Argumente und des Konsens betont. Es schien, als habe der Philosoph das Internet während eines Mittagsschlafs an einem warmen Sonntag herbeigeträumt. Endlich gab es einen Ort, an dem die Menschen jederzeit kommunizieren konnten, frei von Zensur und Ignoranz. HTML-Befehle und Glasfaserkabel schienen den Dialog der Gleichen und Gleichberechtigten zu ermöglichen, eine ideale Sprechsituation gekennzeichnet von Wahrheit, Richtigkeit, Wahrhaftigkeit und Verständlichkeit.

Nun ist es aber so, dass im Internet natürlich nicht jeder mit jedem kommuniziert, sondern die digitalen Technologien den Menschen im Gegenteil die Möglichkeit geben, ihre Filter zu justieren und festzulegen, mit welchen Informationen und Meinungen sie konfrontiert werden möchten und mit welchen nicht. Nicholas Negroponte, ein Internet-Vordenker, der am Massachusetts Institute of Technology (MIT) lehrt, entwarf bereits im Jahr 1995 die Vision einer neuen Tageszeitung, die nicht länger einen Namen haben würde wie *Daily Mirror* oder *New York Times* und Slogans à la »All the news that's fit to print«, er dachte vielmehr an eine *Daily Me*, »ein Informationspaket das ganz individuell zugeschnitten wird, wobei jede Komponente vorher gezielt ausgewählt wurde«.[8] Das Motto von *The Daily Me* könnte lauten: »Lesen Sie nur, was Sie lesen wollen.« Negropontes Vision ist heute längst Realität. Google News etwa wirbt mit dem Spruch: »Niemand kann all die Nachrichten lesen, die Tag für Tag veröffentlicht werden. Warum erstellen Sie deshalb nicht einfach Ihre eigene Seite mit den Geschichten, die am besten zu Ihren Interessen passen?« Auch Webseiten wie reddit, Findory oder Individual bieten diesen Service an und stellen Nachrichtenseiten, Podcasts und politische Blogs nach dem individuellen Geschmack der Nutzer zusammen.

Aufmerksamkeit und Energie sind rare Güter, insofern ist die Fähigkeit zu filtern, Komplexität zu reduzieren überlebensnotwendig. Filtern die Bürger jedoch exzessiv, könnte das die Demokratie bedrohen. Zumindest glaubt das Cass Sunstein. In seinem Buch *Republic.com 2.0* nennt er »zwei Voraussetzungen für ein funktionierendes System des freien Meinungsaustausches: Erstens müssen die Menschen mit Material konfrontiert werden, dass sie nicht im Voraus selbst ausgewählt haben. Zweitens ist eine gewisse Bandbreite an gemeinsamen Erfahrungen notwendig, damit man soziale Probleme besprechen kann und die Leute sich auch untereinander verstehen.«[9]

Die Blogosphäre ist jedoch ganz klar in zwei Lager geteilt: Auf der einen Seite stehen DailyKos, MyDD, Firedoglake sowie ein gutes Dutzend weiterer linker Blogs, auf der anderen Seite die etwas kleineren konservativen Pendants little green footballs, Instapundit und Townhall. Zwischen diesen verfeindeten Gruppierungen findet kaum Austausch statt. Der Rechtswissenschaftler Cass Sunstein stellte 2006 in einer Studie fest, dass nur 34 Prozent aller politischen Nachrichtenseiten auf Seiten aus dem anderen Meinungsspektrum verweisen, während 84 Prozent auf die Seiten Gleichgesinnter verlinken.[10] Eine Studie der beiden Informatikerinnen Lada Adamic und Natalie Glance über die US-Wahl 2004 bestätigte Sunsteins Befunde.[11] In der Blogosphäre gibt es sozusagen zwei Townhalls auf gegenüberliegenden Straßenseiten, und beide versuchen, möglichst viele Passanten hereinzulocken. Liberale und konservative Blogs sind homogene Gemeinschaften, die wenig Verständnis für den politischen Gegner und seine Ansichten aufbringen. Sunstein warnt deshalb vor einer »Gruppen-Polarisierung«, die immer dann eintrete, wenn Gruppen das sichere Gefühl haben, einer Meinung zu sein und wenn sie nur noch intern kommunizieren. Dies führe zur Ausbildung extremer Ansichten und zu weniger Toleranz gegenüber anderen Positionen. Der persönliche, sehr direkte Stil der Blogs verstärkt diese Tendenz. Während des Vorwahlkampfes 2008 kam es auf DailyKos den Anhängern von Barack Obama und Hillary Clinton zu einer Redeschlacht, die der *Vanity Fair*-Autor James Wolcott als »Bürgerkrieg in der Blogosphäre« bezeichnete. Im Laufe des Frühjahres wurden Clinton-Befürworter von der Mehrheit der Obama-Unterstützer zunehmend angegriffen und beleidigt, woraufhin sie in den Schreibstreik traten. Der Blogger Tom Watson, Autor des Buchs *CauseWired*,[12] meint dazu: »Die Linke zerfällt in Splittergruppen. Das ist keine progressive Bewegung, wie wir sie aus der Vergangenheit kennen. Das ist ein megalautes Politbüro.«

Glaubt man den Webkritikern von heute, scheint sich die Blogosphäre in ein digitales Jugoslawien zu verwandeln, in dem verschiedene politische Ethnien um Lebens- und Meinungsraum kämpfen und die Ansichten und Gewohnheiten ihrer Gegner ignorieren. Ein medialer Blitzkrieg, modern geführt per Tastenoperation, der anstatt verbrannter Erde eine intellektuelle Datenwüste hinterlässt.[13]

Matt Bai beschreibt irritiert die politische Kultur der Blogs: »Plötzlich wurden auf dem Dorfplatz neue Stimmen laut, aber dieser Platz erinnerte mehr an Pariser Plätze in den Tagen des Sturms auf die Bastille. Wir haben es nicht mit einem Platz zu tun, auf dem sich die Menschen treffen, um gewissenhaft darüber zu diskutieren, was ihre Führer tun sollen, sondern mit einem Ort, an dem der Mob zusammenkommt, um eigene Forderungen aufzustellen und auf seine eigene Art für Gerechtigkeit zu sorgen.«[14]

Der subjektive und kämpferische Tonfall, in dem die meisten Blog-Posts geschrieben werden, kann diesen Eindruck sicherlich erzeugen. Vielleicht mangelt es den älteren Journalisten der traditionellen Medien, die nicht mit der Kultur des Internet aufgewachsen

sind und nun wie digitale Immigranten in der Kultur des World Wide Web fremdeln, einfach nur an Verständnis für die etwas raueren Sitten der digitalen Ureinwohner, diesem exotischen Stamm mit seinen eigenen Ritualen und Regeln? »Ein Teil des Problems«, sagt der Blogger Jerome Armstrong, »besteht darin, dass Journalisten ihre eigenen professionellen Standards nun Nichtjournalisten aufzwingen wollen.« In den wilden Beschimpfungen, den Flüchen, den grimmigen Emoticons der Blogger-Kriege artikuliert sich nicht nur intellektuelle Zerstörungswut, sondern auch die Abneigung gegen den Neue-Mitte-Journalismus, das Meinungsvakuum, die Maximierung von Zielgruppen, die so unterschiedliche Fraktionen umfassen wie Alt-Hippies, Waffenbesitzer, Kriegsveteranen und die Fans spritfressender SUVs, die Sowohl-als-auch-Leitartikel und den »Write-Alike Contest«, den die großen Tageszeitungen spätestens seit Mitte der neunziger Jahre veranstalten. Diese Exzesse der Neutralität, die letztendlich zu kritischer Impotenz führen, hat Paul Krugman in seiner *New York Times*-Kolumne folgendermaßen auf den Punkt gebracht: »Wenn heute ein Präsidentschaftskandidat die Ansicht verträte, die Welt sei flach, würde mit Sicherheit bald eine Nachricht veröffentlicht mit der Überschrift: ›Die Debatte um die Form der Erde: Warum beide Seiten richtige Argumente haben‹.«
Blogger sind also nicht die Totengräber, sondern die Lebensretter und Sanitäter des Journalismus. Sie reanimieren die alte Tradition des europäischen Meinungsjournalismus – von Émile Zola über Karl Kraus bis zu Kurt Tucholsky – aus einer Zeit, in der man sich am Kiosk problemlos mit jeder denkbaren politischen Meinung versorgen konnte, von rechtsradikal bis kommunistisch. Eine Zeit, in der Demokratie zwar noch gefährdet war, dafür aber auch wild und aufregend.
Mit der Politologin Chantal Mouffe ließe sich argumentieren, dass ohnehin nicht in der Aggressivität und politischen Einsiedelei der Blogger das eigentliche Problem für die Demokratie liege, sondern

eher in der Sucht nach Konsens, als deren Dealer oft genug die Sachzwang-Apologetiker und Sachlichkeitsapostel in den Print- und Fernsehredaktionen auftreten.[15] Mouffe wendet sich dezidiert gegen alle postpolitischen Träumereien von Dritten Wegen und Neuen Mitten und plädiert für eine Aufwertung der Leidenschaften in der Politik sowie die »Schaffung einer lebendigen ›agonistischen‹ Sphäre des öffentlichen Wettstreits«.[16] Der Streit zwischen Arm und Reich, Rechts und Links sei noch längst nicht beendet, diese Konflikte dürften nicht zugedeckt, müssten vielmehr offengelegt und im Rahmen des Kampfes um die politische Hegemonie ausgefochten werden. Mit dieser Sicht der Dinge hat Mouffe die Blogger auf ihrer Seite oder besser: Site. Man beachte die militärische Metaphorik, deren sich ein A-List-Blogger wie Jerome Armstrong bedient:

> »Die akademischen Blog-Ethiker verstehen nicht, dass wir uns im Kriegszustand befinden. Als Demokratische Blogaktivisten stehen wir Tag für Tag an der Front im Kampf gegen eine Republikanische Maschine, die alle Mittel einsetzt, um zu gewinnen. Solange das, was wir tun, nicht illegal ist, will ich von dieser Kritik nichts hören. Denn das Einzige, worauf es in Wahlkämpfen und Kampagnen ankommt, ist der Sieg, und die einzigen Regeln, an die wir uns halten müssen, sind die Wahlgesetze des Kongress.«

Sieg oder Niederlage, Freund oder Feind, Wahrheit oder Lüge – diesen binären Code wiederholen die Blogger immer wieder, ein starres Schema, ein techno-ideelles Immunsystem, das die Blogosphäre sowohl vor externer Kritik als auch interner Selbstreflexion schützt. Dazu passt, dass diese binäre Opposition bereits in der DNA des World Wide Web angelegt ist, schließlich kennt auch die virtuelle Welt nur eine Unterscheidung: die zwischen Nullen und Einsen.

Anmerkungen

1 David Glenn: »The (Josh) Marshall plan. Break news, connect the dots, stay small«; der Artikel ist auf den Seiten der *Columbia Journalism Review* verfügbar unter: {www.cjr.org/feature/the_josh_marshall_plan.php} (Stand: Juli 2008).
2 A.a.O., S. 133.
3 Ebd., S. 137.
4 A.a.O., S. 147.
5 A.a.O.
6 Hans Magnus Enzensberger: »Baukasten zu einer Theorie der Medien«, in: *Kursbuch* 20 (1970), S. 159-186, hier S. 160.
7 A.a.O., S. 144.
8 Nicholas Negroponte: *Being Digital*, Vintage Books 1995, S. 153.
9 Cass Sunstein: *Republic.com 2.0*, Princeton University Press 2007, S. 5.
10 Ebd., S. 54.
11 Lada Adamic/Natalie Glance: *The Political Blogosphere and the 2004 U.S. Election: Divided They Blog*; die Studie ist online verfügbar unter: {http://www.blogpulse.com/papers/2005/AdamicGlanceBlogWWW.pdf} (Stand: Juli 2008).
12 Tom Watson: *CauseWired. Plugging In, Getting Involved, Changing the World*, Wiley Herbst 2008.
13 Auch Jürgen Habermas hat diese Problematik längst erkannt. Er schreibt, die »Entstehung von Millionen von weltweit zerstreuten *chat rooms* und weltweit vernetzten *issue publics*« fördere »die Fragmentierung jenes großen, in politischen Öffentlichkeiten jedoch gleichzeitig auf gleiche Fragestellungen zentrierten Massenpublikums. Dieses Publikum zerfällt im virtuellen Raum in eine riesige Anzahl von zersplitterten, durch Spezialinteressen zusammengehaltenen Zufallsgruppen. Auf diese Weise scheinen die bestehenden Öffentlichkeiten eher unterminiert zu werden.« (Jürgen Habermas: »Hat die Demokratie noch eine epistemische Dimension? Empirische Forschung und normative Theorie«, in: *Ach, Europa. Kleine Politische Schriften XI*, Suhrkamp 2008, S. 138-191, hier S. 162.)
14 A.a.O., S. 138.
15 Vgl. dazu Chantal Mouffe: *Über das Politische. Wider die kosmopolitische Illusion*, Suhrkamp 2007.
16 Ebd., S. 10.

6. Bürger-Journalisten

Das Impressum der US-Nachrichtenseite Off The Bus beginnt ganz konventionell: gefettete Namen, Funktionen, Telefonnummern, Herausgeber, Chefreporter, Bildredakteur – eine hierarchische Struktur, in der Einzelpersonen die Entscheidungen über Inhalt und Anmutung des Mediums treffen. Aber schon in den nächsten Rubriken finden sich ungewöhnlich viele Namen: mehr als drei Dutzend Korrespondenten, 55 Kampagnenbeobachter, knapp 100 Dokumentare. Und die Liste der Off-The-Bus-Reporter ist so lang, dass sie selbst auf einer eigentlich endlosen Website nicht mehr darstellbar ist. Die Nachrichtenseite wurde im Herbst 2007 gegründet und hat bereits mehrere Tausend Mitarbeiter. Im Fall von Off The Bus erzählt das Impressum insofern auch eine Geschichte, eine Erfolgsgeschichte, die von Pioniergeist, staatsbürgerlichem Engagement und einer neuen Zeit handelt. Das Impressum sendet eine deutliche Botschaft: »Wir sind viele!«

Off The Bus (OTB) ist ein Bürger-Journalismus-Projekt der Internet-Verlegerin Arianna Huffington. Mit wenigen festangestellten Mitarbeitern und einer Armee von Freiwilligen soll OTB, so steht das im sogenannten »Mission Statement«, den Lesern eine »Wahlberichterstattung liefern, die von Leuten produziert wird, die keine Mitglieder im Club sind«: Politische Nachrichten werden in den USA im Wahlkampf vor allem von Reportern geliefert, die zusammen mit den Kandidaten in Privatjets und Bussen durchs Land ziehen. Timothy Crouse hat diese Politik- und Medien-Nomenklatura schon 1973 in dem wunderbaren Buch *The Boys on the Bus* beschrieben: »Die ganze Bande war in diesem mobilen Dorf isoliert. Nach einer Weile glaubten sie alle an dieselben Gerüchte, sie vertraten dieselben Theorien und schrieben die gleichen Geschichten.«[1] Bei OTB sollen deshalb nicht Profi-Journalisten, Wahlanalytiker und Meinungsforscher zu Wort kommen, sondern Amateure – oder besser: normale, politisch interessierte und engagierte Menschen.

Arianna Huffington ist in kurzer Zeit zu einer der mächtigsten Frauen im US-Mediengeschäft geworden. Die 55-jährige Society-Lady aus Kalifornien mutierte nach einer millionenschweren Scheidung von einem ultrakonservativen Unternehmer zur linksliberalen Populistin, kandidierte als unabhängige Kandidatin gegen Arnold Schwarzenegger für den Gouverneursposten, um dann im Jahr 2005 zusammen mit dem ehemaligen AOL-Manager Kenneth Lerer die *Huffington Post* (oder kurz: *HuffPo*) zu gründen. Die *HuffPo* mischt Meinung und Nachrichten, Politik und deftigen Hollywood-Klatsch, Kritik an George W. Bush und die letzten Neuigkeiten von Paris Hilton. Dank ihrer exzellenten Verbindungen zu den oberen Zehntausend kann Arianna immer wieder prominente Gastautoren gewinnen: Schauspieler, Unternehmer und Politiker. Die *HuffPo* ist eine neue Form von Zeitung. Im März 2008 hatte sie mehr als 5,2 Millionen Leser – und lag damit im Ranking der populärsten Online-Nachrichtenquellen auf dem achten Platz, gleich hinter CNN und der *New York Times*. Die *Huffington Post* und andere Formate des sogenannten *citizen journalism* sind Teil eines neuen medialen Ökosystems, in dem, wie Huffington sagt, »Nachrichten nicht von oben nach unten durchgereicht werden, sondern auf den gemeinsamen Erfahrungen von Produzenten und Konsumenten beruhen«. Früher erzählen alte weise Männer wie Walter Cronkite und Dan Rather im Fernsehen von der Welt. Sie verströmten dabei die Autorität und Erfahrung eines Vaters, der bei seinem Kind auf dem Bett sitzt, das ihm stumm und ehrfürchtig zuhört. Mit dem Anbruch des *citizen journalism* ist diese Ära der asymmetrischen Information nun endgültig vorbei.

Jay Rosen unterrichtet Journalismus an der New York University und berät Arianna Huffington beim Off-The-Bus-Projekt. Er plant die Arbeitsabläufe, entwirft Lehrmaterialien für die Amateur-Journalisten und organisiert die Qualitätssicherung. Seit mehr als 20 Jahren experimentiert er mit Bürgerjournalismus und alternativen Medien, im prädigitalen Zeitalter war das ein mühseliger Job: Nachtschichten am Kopierer, der Toner machte Flecken, die Zunge wurde vom Briefmarkenlecken taub, dann folgte der Austrage-Marathon durchs Viertel. »Lange Zeit haben uns die Mittel und die entscheidenden Werkzeuge gefehlt«, erklärt er, »wir haben mit viel Aufwand nur wenig Leute erreicht, so entstand keine kritische Masse.« Das Internet bietet nun eine Struktur in der viele Menschen dezentral zusammen arbeiten können. Off The Bus ist kein obskures Projekt linker Weltverbesserer, sondern landete im Wahlkampf 2008 gleich mehrer Scoops und wurde von Fernsehsendern und Nachrichtenagenturen zitiert: Mayhill Fowler, eine OTB-Reporterin, war zum Beispiel bei einem kleinen Fundraising-Dinner von Barack Obama in San Francisco zu Gast und hatte als einzige »Journalistin« das Aufnahmegerät laufen, als der Senator über die »verbitterte weiße Mittelschicht« in den heruntergekommenen Industriegebieten von Pennsylvania redete, »die sich an Gewehre und Kirchen klammern«. Ihr Bericht bestimmte für Wochen die politische Debatte der Vorwahlen.

Hinter der Anekdote steckt eine schöne Geschichte. Mayhill Fowler, 61 Jahre, arbeitete lange als Lehrerin in Oakland, sie ging jeden Tag vor die Tür, um die Zeitung zu holen und zu lesen. 2007 startete sie einen privaten Blog, der jedoch kaum gelesen wurde, bevor sie sich Ende letzten Jahres auf der OTB-Webseite als freiwillige Mitarbeiterin registrierte. Mittlerweile gilt die Lehrerin als Starkolumnistin, und berichtet über Wahlkampfevents aus dem ganzen Land. »Es ist schon eine Bestätigung, wenn man auf einmal von vielen Mensch da draußen gelesen wird«, sagte Fowler der *New York Times*.

Das Büro von Jay Rosen befindet sich im sechsten Stock eines Altbaus im New Yorker East Village: ein hohes Loft, die Arbeitsplätze sind durch Vorhänge aus Eisenketten getrennt, eine Stahltreppe verbindet die verschiedenen Ebenen. Ein kühler Technikpalast. Es ist still in den Räumen der Fakultät für Journalistik, zur Zeit sind Semesterferien. Ein paar Studenten überprüfen den E-Mail-Account oder flüstern via Skype mit weit entfernten Freunden. Die dicken Glasscheiben dämpfen den Lärm der Straße, das Gehupe der Taxis, lachende Menschen und Presslufthämmer nimmt man lediglich als Hintergrundrauschen war. In diesem abgekapselten Raum über der Stadt bildet Rosen den amerikanischen Mediennachwuchs aus und es fällt ihm schwer zu verstehen, warum sich die Wirklichkeit so sehr von den Lehrplänen unterscheidet: Journalistische Ethik, der Unterschied zwischen Nachricht und Meinung, die zentralen Fragen: Wer? Was? Wo? Wie? Warum? »Die politische Berichterstattung in den USA dreht sich nicht um Politik«, sagt Rosen, der den vielbeachteten Blog PressThink schreibt und seit Jahrzehnten beharrlich die Massenmedien kritisiert, »vor allem die Fernsehsender berichten über den Wahlkampf, als handle es sich um ein Baseball-Spiel.« Ähnlich wie bei einem Sportereignis konzentrierten sich die Journalisten und politischen Analysten bei der Berichterstattung auf die Frage: Wer ist der Beste, Schnellste, Schönste? Wer wird gewinnen? »Horse Race Journalism« heißt dieses Genre in Amerika, eine Form journalistischer Arbeit, die sich nicht mit den politischen Programmen befasst, sondern die sich die Triumph-Niederlagen-Semantik des Sports angeeignet hat und vom »Underdog« und vom »Frontrunner« spricht. Moderatoren und Experten reden über »gute und schlechte Taktik«, die »richtige Aktion zum richtigen Zeitpunkt«, die neuesten Umfragen und den Zwischenstand der Spendensammler. Genau wie das Eckenverhältnis oder die Zweikampfquote im Fußball bieten diese Zahlen angebliche Deutungssicherheit. Mehr als zwei Drittel der Nachrichtenbeiträge (2005 waren es 54 Prozent), so das Ergebnis einer Studie des Pew Research Institute und der Universität Harvard, beziehen sich auf Strategie und Taktik der Kandidaten. Nur zwölf Prozent liefern relevante Informationen für die Entscheidungsfindung der Wähler, nur ein Prozent der Berichte analysiert die politische Arbeit der Politiker[2].

Die Politikberichterstattung im US-Fernsehen besteht nicht aus Reportagen oder Features über Wahlentscheidungen und Gesetzesvorschläge, sondern basiert auf der Logik der Talkshow. Experten, Analysten und Berater, sogenannte »Pundits« (der Begriff leitet sich wohl von dem Sanskritwort *pandita* (dt. gelehrt) ab), sprechen über Wahlchancen, Garderobe und die Reden der Politiker. Kein Thema ist zu banal, um es intensiv unter die Lupe zu nehmen: Die Krankenberichte John McCains, der 400-Dollar-Haarschnitt von John Edwards, die Tatsache, dass Barack Obama keinen Flaggen-Pin am Revers trägt. »Die *pundits* generieren eine künstliche Dynamik«, sagt Jay Rosen, »sie müssen ja auch sieben Tage die Woche 24 Stunden senden.« Über Politik erfährt man dabei allerdings nichts.

Der TV-Analyst Andrew Tyndall hat errechnet, dass die Nachrichtenkanäle dem Thema Vorwahlkampf 2008 mehr Sendezeit widmeten als in den Jahren 2003, 1999, 1995 und 1991 zusammen. Die Einschaltquoten liegen um mehr als 100 Prozent über den Zahlen von 2003.[3]

Doch obwohl mehr als je zuvor über Politik gesprochen wird, haben die meisten Menschen, wie eine gemeinsame Studie des angesehenen Pew Research Institute und der Harvard Universität aufdeckte, nicht das Gefühl, gut informiert zu werden. »MSM« heißen Mainstream-Medien wie TV-Sender und Zeitungen im Internet-Jargon – und dieses Akronym klingt nicht nur zufällig nach einem profitgierigen Konzern oder einer entzündlichen Erkrankung des Nervensystems. Die Amerikaner haben das Vertrauen in die vierte Gewalt verloren und sie haben allen Grund dazu. Als sich George W. Bush im Jahr 2000 trotz fehlender Mehrheit vom obersten Gerichtshof zum Präsidenten küren ließ, hakten die Reporter nicht nach, und als er drei Jahre später, nun ausgestattet mit allen exekutiven Vollmachten, die Bürger mit Nebelmaschine und Spiegeltricks in den Irakkrieg führte, setzten sich die Journalisten bereitwillig den Stahlhelm auf und gingen an die Front. Weniger als 20 Prozent der Amerikaner glauben, was sie in der Zeitung lesen, berichtet die aktuelle Studie *State of the News* der Columbia Universität. MoveOn startete angesichts »der schlechten Performance der Mainstream-Medien« im Frühjahr 2008 gar eine Petition, die in wenigen Tagen mehr als 250000 Menschen unterschrieben. »Schluss mit der Ablenkung«, heißt es da, »die Medien müssen sich wieder auf die Themen konzentrieren, die das Leben der Menschen bestimmen.«

Jay Rosen sagt: »Lange Zeit musste der Medienkonsument all das einfach hinnehmen.« Printmedien und Rundfunk, old media, boten keine Rückkanal-Funktion an. Und wenn der Zuschauer eine Frage hatte oder eine Tatsache anzweifelte, dann konnte er zwar einen Leserbrief schreiben, der in einem riesigen Papierstapel auf dem Praktikantenschreibtisch verschwand, oder den Nachrichtensprecher im Fernsehen anschreien, der aber sprach ungerührt weiter. »Aber nun haben wir eine vollkommen neue Situation«, erklärt Rosen. »Die Mainstream-Medien folgen weiter ihren immergleichen Routinen, aber zur selben Zeit entsteht eine Alternative. Es ist, als würde man noch in einem alten Haus wohnen, während nebenan bereits das neue Gebäude entsteht.« Jay Rosen sieht aus, als würden ihm Design und Raumaufteilung dieses neuen Gebäudes, in das die Gesellschaft bald einziehen soll, gefallen.

Wenn sich Jay Rosen mit Studenten und Journalisten verabredet, dann trifft er sie gern in einem Starbucks Café in der Nähe der Universität – dem prototypischen Büro der digitalen Boheme, der individualisierten Kreativ- und Kopfarbeiter, die mit Laptops in den Cafés dieser Welt sitzen und sich von WLAN und Milchkaffee ernähren. Im Dämmerlicht leuchten die weißen Apfel-Logos wie ein ewiges Licht in der Kirche. Man weiß nicht, woran diese Leute mit ihren Laptops arbeiten, ob sie gerade an einem Architekturentwurf sitzen oder einen Werbefilm schneiden, »vielleicht schreibt ja gerade einer von ihnen einen Text, der später von einer Million Leute gelesen wird«, sagt Rosen, und man sieht, dass ihm die neue Machtverteilung innerhalb der Medienlandschaft gefällt. Die digitale Revolution hat die Zugangsschranken zum Journalismus gesenkt: Um zu einem Sender zu werden, braucht man nur eine Digitalkamera, einen Computer und einen Netzzugang. Neue Technologien und die Frustration über »MSM« haben einen technologisch-emotionalen Nährboden geschaffen, auf dem die alternativen Informationskanäle gedeihen. OTB ist nur eines von vielen Bürger- und Graswurzel-Projekten, die in den letzten Monaten auftauchten. Scoop 08 etwa ist ein Netzwerk von mehr als 1000 Studenten und Nachwuchs-Journalisten, die lokale Wahlkampfevents besuchen und versprechen, sich nicht nur um Obama, Clinton und McCain zu kümmern, sondern auch um unbekanntere Kandidaten und komplexere Themen. Oder Video the Vote, ein riesiges Netzwerk von Videokamerabesitzern, die am Wahltag in den Wahllokalen die Stimmabgabe kontrollieren wollen, »damit wir uns die erneute Schande einer manipulierten Wahl ersparen«, wie Gründer Ian Inaba sagt.

Jeder kann ein Bürger-Journalist sein – deshalb herrscht auch Unklarheit darüber, was man darunter zu verstehen hat. Sind mit dem Begriff auch die Leserreporter gemeint, die Fotos an *Bild* schicken, wenn sie auf Mallorca zufällig Dieter Bohlen in Begleitung einer Brünetten begegnen? Oder doch eher die mächtigen und meinungsstarken Blogs wie DailyKos oder Talking Points Memo? All die medial aufgerüsteten Menschen der Moderne sind potentielle Reporter – wer zufällig zum Zeugen einer Naturkatastrophe oder eines Anschlags wird und ein Fotohandy dabei hat, wird zum Ad-hoc-Publizisten. Nach den Terroranschlägen in London im Jahr 2005 oder dem Tsunami im Dezember 2004 lieferten Amateur-Journalisten die dramatischsten Bilder. Auch Jay Rosen hat keine schnelle Antwort auf die Frage nach der Definition parat: »Die Sache ist im Fluss. Bürger-Journalismus ist in jedem Kontext etwas anderes.« Off The Bus sei eben ein großes Netzwerk von Menschen, die sicherstellen, dass »wir Korrespondenten im ganzen Land haben, die für uns Events besuchen können«. Keine Nachrichtenelite, sondern normale Amerikaner. Menschen, die nicht entfremdet vom Alltag sind, sondern *embedded* im Leben.

Um die vielen Tausend Mitarbeiter unterzubringen, müsste die OTB-Redaktion eigentlich einen Wolkenkratzer in Downtown New York anmieten. Aber das Hauptquartier ist im siebten Stock eines Bürogebäudes am Broadway, genauer gesagt: auf dem Schreibtisch von Amanda Michel, die bei der *Huffington Post* für das Projekt zuständig ist. 35 Leute arbeiten zurzeit in dem Büro, die *HuffPo* wächst aber so schnell, dass man alle paar Monate in ein größeres Büro umziehen muss – an der Wand lehnen Umzugskartons und die Fahrräder der Belegschaft. Amanda Michel ist bei OTB so etwas wie die Chefin vom Dienst, ein dicker Knotenpunkt im Netz. Die Entstehung eines Projekts unterteilt sie in mehrere Phasen: Recherche, Analyse, Schreiben – »ein mehrstufiger Prozess, der sehr organisch ist«. Michel koordiniert die 1800 Mitarbeiter über ihr E-Mail-Programm, sie schreibt Newsletter und korrespondiert mit den aktivsten Autoren per Telefon. »Wir haben keine prototypischen Mitarbeiter«, sagt sie. Im Netz gibt es keine Titel wie Redakteur oder Dokumentar, »jeder macht, was er kann, was er will«, erklärt sie, »manche arbeiten sehr stetig mit, andere verschwinden nach einmaligem Kontakt«. Web-2.0-Seiten beruhen nicht auf gleichmäßiger Arbeitsteilung: Bei der Online-Enzyklopädie Wikipedia, die täglich von 150 Millionen Menschen besucht wird, arbeiten nur ein bis zwei Prozent der User aktiv an den Texten mit, zehn Prozent ändern vielleicht mal ein Komma oder eine grammatikalische Konstruktion, 89 kommen nur zum Lesen.

Neben Kommentatoren, die – genau wie die Kollegen mit den Hornbrillen und Eckzimmerbüros bei der *New York Times* – scharfe Analysen über politische Trends schreiben, gibt es noch, wie Michel erzählt, »eine große Zahl von Leuten, die für uns ein paar Seiten durchlesen«, die über den Button »Submit a story idea« ein Gerücht oder eine Information, die sie aufgeschnappt haben an OTB schicken. Amanda Michel sagt dazu: »Wir haben auch ein sekundäres und ein tertiäres Netzwerk, nämlich unsere Augen und Ohren in der Bevölkerung.« OTB weist keine vertikale Struktur auf, die man anhand eines Pressehochhauses darstellen könnte auf – oben die Chefetage, unten die Dokumentation –, das Projekt besteht vielmehr aus 1 000 Linien, Schnittpunkten, Kreuzungen und Schleifen. Mayhill Fowler spricht von OTB als einer »Amöbe, einem Organismus, der atmet, pulsiert und wächst und aus dem eines Tages irgendetwas anderes wird« – der Beginn der Evolution.

Citizen journalism versucht, die Kraft der Masse der Amateure zu nutzen, »das heißt aber nicht«, betont Michel, »dass wir keine Qualitätsstandards mehr einhalten. Wir wollen eine Kultur der Fairness und Korrektheit«. Unter dem Punkt »Tools« findet man das Dokument »How to Improve Campaign Coverage«, in dem Journalistikprofessoren den Neuautoren Tipps geben wie »Konzentrieren Sie sich auf das Thema!«, »Versuchen Sie, die Antworten zu antizipieren!« oder »Recherchieren Sie die Fakten!«. Daneben steht ein Adressverzeichnis von Ämtern und Universitäten sowie Terminpläne von Fortbildungsseminaren. Im Chatroom können sich die Teilnehmer austauschen, sie können darüber diskutieren, was einen guten Artikel ausmacht und welche Formatierungsstandards gelten sollten. »Es ist wichtig«, sagt Michel, »dass in der Community Konsens über die Form eines Artikels besteht.« Schließlich funktioniere Wikipedia vor allem aus zwei Gründen: Weil es die Wikisoftware, die kollektives Arbeiten ermöglicht, gibt, und weil die Leute wissen, wie ein Lexikonartikel aussieht, dass man sich einer sachlichen Sprache bedienen muss, wie man mit Abkürzungen und Querverweisen umgeht – die Routinen der Wissens- und Datenproduktion eben. »Die menschliche Abstimmung«, glaubt Michel, »ist wesentlich wichtiger als die Software selbst.« Das Besondere an den OTB-Artikeln ist dabei, dass man nicht nur den fertig redigierten Text zu sehen bekommt, sondern auch die Rohdaten und Quellenverweise jederzeit einsehen kann. Diese Form der Transparenz ist eine weitere Gemeinsamkeit zwischen der kollektiven Online-Zeitung und Wikipedia, wo man ebenfalls im Artikelhintergrund die Geschichte seiner Entstehung, die Änderungen und Debatten einsehen kann. Und genau wie auf Wikipedia Fehler relativ schnell entdeckt und korrigiert werden, baut auch Arianna Huffington auf die Selbstheilungskräfte der Community: »Wenn jemand etwas Falsches berichtet, dann kommt umgehend Kritik von den Nutzern.«

Der menschliche Computer

Jay Rosen ist kein Internet-Ideologe, der im Glasfaserkabel das Rettungsseil der Menschheit sieht, er weiß auch, dass nicht in jedem Amateur-Autor ein potentieller Pulitzer-Preisträger steckt. »Die große Zeit des durch Werbung finanzierten Journalismus ist vorbei«, sagt Rosen, der die schwindenden Anzeigenerlöse und Auflagenzahlen bzw. Einschaltquoten sehr genau kennt, trocken und ohne Mitleid. »Die Frage ist jedoch: Was können gut vernetzte Freiwillige erreichen?« Er klingt dabei wie ein Wissenschaftler, der in einem Labor verschiedene Substanzen in einem Reagenzglas mischt, dieses über einen Bunsenbrenner hält und abwartet, was passiert. Das Konzept von Off The Bus setzt auf eine hybride Vorgehensweise, bei der die Beiträge der Amateur-Reporter in einem redaktionellen Prozess nach professionellen Standards bearbeitet werden. »Distributed« (also arbeitsteiligen) Journalismus nennen sie dieses Verfahren, bei dem riesige Projekte in kleine Aufgaben aufgeteilt und von Einzelpersonen im ganzen Land erledigt werden. Kollektive Medienkanäle wie OTB orientieren sich an Open-Source-Software wie dem Betriebssystem Linux oder dem Web-Browser Firefox. Wenn Tausende Menschen im Internet durch freiwillige Arbeit ein Betriebssystem programmieren können, dessen Qualität die Standardprodukte wie Windows übersteigt, warum sollten sie dann nicht in der Lage sein, große Recherchen zu stemmen? Dass das tatsächlich möglich ist, hat OTB mit dem Mammutprojekt Superdelegate Watch gezeigt. Die sogenannten Superdelegierten entscheiden zusammen mit den Wahlmännern, die während der Vorwahlen bestimmt werden, auf der Democratic Convention über den Präsidentschaftskandidaten der Partei. Wäre Hillary Clinton nicht Anfang Juni aus dem Rennen ausgestiegen, hätten die Superdelegierten, in der Regel verdiente Parteifunktionäre, eine entscheidende Rolle gespielt. Doch obwohl auch Bill Clinton, Al Gore und andere Veteranen zu dieser privilegierten Parteielite gehören, sind die meisten Delegierten Abgeordnete in regionalen Parlamenten, deren Arbeit, Persönlichkeit und Verbindungen der nationalen Öffentlichkeit weitgehend unbekannt sind. Klickt man nun bei OTB etwa auf den Bundesstaat Montana,[4] sieht man die Namen Jorgensen, Dahlmann, und Campbell und erfährt Details über ihre Biografie, ihr Wahlverhalten, politisches Engagement (etwa für Öl- und Gasfirmen) und die individuellen Loyalitäten (»Steht Bill Clinton nahe«).

Ein anderes dieser Projekte beschäftigte sich mit den Spendenberichten, die die Kandidaten alle drei Monate bei der FEC einreichen müssen. Auf Tausenden von Seiten sind hier die Namen der Spender und ihre Beträge zusammen mit weiteren persönlichen Informationen aufgelistet. Viele Tausend Einträge – ein Datenberg, der für eine Einzelperson kaum mehr zu überblicken ist. OTB stellte die FEC-Berichte online zur Verfügung, verbunden mit einem Wiki, in dem die Nutzer Kommentare und Hinweise eintragen können oder Ideen für eine Geschichte. Im März 2008 bemerkte Ethan Hova, ein Schaupspieler aus Los Angeles, der sich auf Werke von Shakespeare spezialisiert hat, dass in der Bilanz des Republikanischen Kandidaten Mitt Romney einige Zahlungen an Einzelpersonen aufgelistet wurden, für die keine Gegenleistungen genannt wurden. Als Schauspieler musste Hova viele Zeilen auswendig lernen. Bei Off The Bus zeigte sich, dass er sein Gedächtnis auch anders nutzen kann. Und vielleicht dachte er bei seinen Recherchen über Wahlkampf-Finanzierung an das berühmte Zitat aus *Falstaff* – »Geld ist ein guter Soldat, mein Herr, und macht sich Bahn« –, in jedem Fall beschloss er, den Fall zu untersuchen. »Wir hatten einen Rechercheplan«, sagt Amanda Michel, »es fehlte nur noch die Manpower.« In einer Interview mit dem bekannten Radiojournalisten Brian Lehrer rief sie die Hörer zur Mitarbeit auf: »Wenn ihr euch beteiligen wollt, dann schickt eine E-Mail an campaigntrail@huffingtonpost.com.« Zehn Stunden später hatte sie ein Team von 60 Leuten.

Als die ersten E-Mails wegen Romney eintrafen, begann Michel Teams zusammenzustellen, je nach ihren Fähigkeiten, Interessen und Zeitbudgets bekamen die verschiedenen Mitarbeiter eine Aufgabe zugeordnet. Menschen mit Office-Kenntnissen sollten die Excel-Tabellen durchforsten, wer Statistikprogramme beherrschte, wurde zur Datenanalyse eingeteilt. Andere recherchierten, machten sich im Internet und in Branchenbüchern auf die Suche nach den Namen und Funktionen der Unterstützer Romneys. Wieder andere interviewten Mitarbeiter des Kandidaten oder besuchten seine Wahlkampfzentrale. Die Ergebnisse trugen die Bürger-Journalisten in ein standardisiertes Formular ein. In zehn Tagen hatten die 60 Mitarbeiter mehr als 2500 Seiten Material gesammelt, das dann von einer fünfköpfigen Taskforce nach den besten Zitaten und Zahlen durchforstet und am Ende von einem OTB-Journalisten zusammengefasst wurde. Unter der Überschrift »Das gekaufte Wort Gottes« berichtete OTB exklusiv, dass Mitt Romney Prediger und christliche Journalisten auf der Gehaltsliste hatte, die sich im Gegenzug positiv über ihn äußerten. Ein klarer Verstoß gegen die FEC-Richtlinien, der von der Mainstream-Presse beharrlich ignoriert wurde. Der OTB-Bericht wurde bald in Agenturen zitiert, und Ethan Hova will nun von Los Angeles nach New York ziehen, um investigativer Reporter zu werden: »Eigentlich wurde ich da nur zufällig reingezogen. Dann habe ich immer mehr gelesen und schließlich realisiert, dass ich es liebe, mich in solche Dinge zu vertiefen.«

Natürlich arbeiten auch Zeitungen nach dem Prinzip des »Distributed Journalism«, sagt Dan Gillmor, einer der Vordenker des *citizen journalism*, etwa wenn der Nachrichtenchef alle Korrespondenten und freien Mitarbeiter koordiniert, »aber das sind dann ein paar Dutzend Leute. Wir können Tausende von Menschen anrufen und vernetzen.« Und das sei auch nötig, glaubt Jay Rosen: »Die Dokumente, die uns von der Regierung zur Verfügung gestellt werden, sind viele Zehntausend Seiten lang. Die beste Möglichkeit, wichtige Informationen zu verstecken, ist sie mit unwichtigen zu umgeben.« Diese Informationsberge und Datenmengen, die typisch werden könnten für das 21. Jahrhundert, kann man nur mit einer enormen Zahl von Mitarbeitern analysieren. Das Netzwerk der Bürger-Journalisten ist wie ein menschlicher Computer, der enorme Datenmengen verarbeiten kann, und bildet ein dichtes Korrespondentennetz, von dem Nachrichtenagenturen nur träumen können.

Dieses Potential will auch Ian Inaba mit seinem Video the Vote nutzen, das in die Marktlücken stoßen soll, die Tageszeitungen und Fernsehsender vernachlässigen. Sein Damaskuserlebnis war die manipulierte Präsidentschaftswahl im Jahr 2000, die großen Medien hätten es damals versäumt, die Demokratie zu schützen. Nun soll eine Armee von Videoreportern dafür sorgen, dass sich dieses Desaster nicht bei anderen Wahlen wiederholt. »Das Problem jedes Journalisten ist doch, dass man nicht weiß, wo die Dinge passieren werden«, erklärt er, »die TV-Sender können ja nicht vor jedem Wahllokal in Amerika eine Satellitenverbindung aufbauen.« Video the Vote hat eine kostenlose Hotline eingerichtet, bei der Menschen Unregelmäßgkeiten melden können. »Wir haben dann meistens einen Mitarbeiter in der Nähe.« Es habe in den USA immer wieder Vorfälle gegeben, erzählt Inaba, bei denen Menschen der Zugang zum Wahllokal erschwert wurde und Wahlmaschinen offensichtlich manipuliert worden waren. »Das steht dann sechs Wochen später auch im offiziellen Bericht«, sagt er, »aber dann ist das Thema schon längst aus den Schlagzeilen verschwunden.« Er glaubt, dass man ein Video einfach nicht übersehen kann, »die gefilmte Aktion spricht für sich selbst«. Wenn ein Bild mehr sagt als 1000 Worte, dann sagt ein Video mehr als 1 000 Fotos.

Das Museum

Der Neubau an der Pennsylvania Avenue, nur wenige Hundert Meter entfernt vom Kongress, sieht aus wie ein überdimensionaler Kiosk. In den Schaukästen vor der transparenten Glasfassade sind die aktuellen Titelblätter der amerikanischen Zeitungen ausgestellt. Die *New York Times*, *USA Today*, aber auch der *Kansas City Star*, die *St. Petersburg Times*, die *Austin Morning News*. Das Newseum ist ein Medienmuseum, das sich ausschließlich mit Zeitungen und

TV-Nachrichten beschäftigt, der Geschichte und Gegenwart der Mediengesellschaft. »Die Besucher kommen als ganz normale Touristen nach Washington«, meint Al Neuharth, der Gründungsdirektor. »Aber nachdem sie unser Museum besucht haben, gehen sie als besser informierte Bürger.« Der Museumsbesuch als Staatsbürgerkunde. Die Installation am Eingang betont die zentrale Stellung der Zeitung im Alltagsleben. Die Lokal- und Regionalblätter zeigen auf den ersten Blick eine große Vielfalt an Themen, Bildern und Stilen, wer sie länger betrachtet merkt allerdings, dass an unterschiedlichen Orten und in unterschiedlichen Layouts dieselben Namen, Agenturmeldungen und Fotos zu sehen sind. Eigentlich dienen Zeitungen dazu, ein öffentliches Bewusstsein zu schaffen. Der Politologe Benedict Anderson erinnert in seinem Buch *Imagined Communities* an Hegels Vergleich zwischen dem Zeitungslesen und dem Morgengebet: »Jedem Leser ist bewußt, daß seine Zeremonie gleichzeitig auch von Tausenden (oder Millionen) anderen Menschen durchgeführt wird, von deren Identität er jedoch keine Ahnung hat.[5]« Es seien diese imaginären Gemeinschaften, die Nationen erst möglich machen. Oder wie es Arthur Miller gesagt hat: »Eine gute Zeitung ist eine Nation im Gespräch mit sich selbst.«

Das Newseum feiert die stolze Tradition der amerikanischen Zeitung. Mehr als 300 Jahre sind vergangen, seitdem Benjamin Harris die erste und einzige Ausgabe der *Publick Occurrences, Both Foreign and Domestick* herausgab, die noch vor der zweiten Ausgabe von den Behörden Neuenglands geschlossen wurde, weil Harris unter anderem das Gerücht öffentlich gemacht hatte, der französische König habe eine Affäre mit der Gattin des Prinzen. 1721 gründete James Franklin, der ältere Bruder von Benjamin, den *New England Courant*. Die Zeitung spielte eine wichtige Rolle bei der Demokratisierung des Landes.

Wenn etwas im Museum liegt, dann heißt das in der Regel, dass seine große Zeit vorbei ist. Die Zeitungen und Rotationspressen in den Schaukästen des Newseum vermitteln den Besuchern nicht nur Informationen, sondern als Artefakte der Vergangenheit auch ein Gefühl der Nostalgie: »Nur wenige Experten glauben, dass die Zeitungen in ihrer aktuellen, gedruckten Form überleben werden«, schrieb der *New Yorker* im Frühjahr 2008. Das Magazin listete auch gleich die entscheidenden Fakten auf: »Seit 1990 sind ein Viertel aller Arbeitsplätze bei den Zeitungen verschwunden. Gerade einmal 19 Prozent der Amerikaner zwischen 18 und 34 Jahren lesen eine Tageszeitung. Das Durchschnittsalter der Leser liegt bei 55 – Tendenz steigend.«

Im Newseum kann man lernen, dass die Geschichte des 20. Jahrhunderts vor allem auf Film-, Video- und Tonband stattgefunden hat: Orson Wells' fiktiver Radioreportage über den Krieg der Welten ist ebenso ein eigener Raum gewidmet wie der Mondlandung und dem 11. September; dort läuft eine Dokumentation über die amerikanischen Helden in Endlosschleife. Die verbeulte und verbrannte Antenne des World Trade Center symbolisiert das Überleben der amerikanischen Presse und des freien Worts. Viele Menschen haben Tränen in den Augen, wenn sie den Raum verlassen. Die Touristen/Staatsbürger sollen aber nicht nur informiert, sondern auch berührt und eingebunden werden. Im ersten Stock der Ausstellung ist eine Reihe von Kameras aufgebaut. Die Besucher können die Nachrichten des Tages in Mikrofone sprechen, wie in den professionellen TV-Studios steht hinter ihnen ein Greenscreen, und die Tricktechnik beamt sie vor das Weiße Haus oder die Skyline von Manhattan. Die Imitationen wirken rührend, weil die digitalen Medien das Reporter-Sein längst nicht mehr simulieren müssen, sondern weil sie aus Menschen wie Mayhill Fowler und Ethan Hova und Ian Inaba öffentliche Personen gemacht haben, die niemand mehr überhören kann.

Die Teilnahme an der Berichterstattung, die aktive Auseinandersetzung mit den Problemen der Zeit, die großen Möglichkeiten des Bürger-Journalismus scheinen geeignet, den schwindenden Einfluss der Zeitungen zu kompensieren. Oder können sie vielleicht sogar mehr? Um diese Frage zu beantworten, bräuchte man eine Art Antimuseum, das nicht die Vergangenheit festhält, sondern zukünftige Gegenwarten. Der Amateur-Journalist, der Nachrichten von der Basis liefert – »offen, demokratisch, interaktiv«, wie Dan Gillmor in seinem Buch *We the Media* schreibt[6] –, rührt jedenfalls an das utopische Potential der Web-Kultur: ein Bürger, der sich selbst die Informationen besorgt, die der Cyber-Citoyen für die Erfüllung seiner Bürgerpflichten, für das Denken und Debattieren benötigt. Kevin Kelly, der Gründer der Zeitschrift *Wired*, sieht im aufgeklärten Gebrauch des Internet gar den Anbruch einer mythischen Ära, in dem sich Menschen zu »einer denkenden und fühlenden Einheit verbinden, dem ›Global Brain‹, das eine neue Dimension der intellektuellen Auseinandersetzung ermöglicht und zu einem geistigen Neuanfang führt«. Es werde Licht.

Neue Allianzen

Die Wand hinter dem CNN-Moderator John King leuchtet in Rot, Blau und Weiß, als sei dahinter mindestens ein Schatz, vielleicht sogar die Wahrheit selbst verborgen. John King, ein erfahrener Washington-Korrespondent und *anchor man*, fährt mit Händen und Fingern über den enormen Touchscreen, auf dem der Fernsehsender die Wahlergebnisse zeigt. Seine Finger hinterlassen eine Spur, gelbe Kreisel über einer Hochburg der Demokraten, ein rotes Quadrat zeigt, wo die Republikaner wohnen. Seine Hand fährt über den Bildschirm und schon teilt ein grüner Strich eine Stadt in verschiedene, polit-geografische Viertel. Dieser »Magic Screen« vermittelt Wahlergebnisse, endlose Zahlenkolonnen und Tabellen auf eine visuell-interaktive Art und Weise – mit kleinen Handbewegungen kann in die Karte hineingezoomt werden, genau wie man es vom iPhone kennt. Die neuen Medien haben einen großen Einfluss darauf, wie die alten arbeiten. Der »Magic Screen« ist von der Interface-Ästhetik des Webs beeinflusst – mit Klicks und Scroll-Bewegungen kann King über die Nachrichtenlandschaft surfen. Die Frage ist nur, wann die Annäherung an das neue Medienzeitalter und die Integration seiner Werkzeuge wirklich sinnvoll ist, da dem Nutzer so tatsächlich neue Informationen vermittelt werden, und wann es nur ein buntes Spiel an der Pixel-Oberfläche ist.

Etablierte Zeitungen und Fernsehsender passen sich nur widerwillig an veränderte Umwelten an. Schon in den siebziger Jahren stellte Timothy Crouse, der Autor von *Boys on the Bus* fest, dass die Medien, die so gerne über Trends und Wandel sprechen, sich selbst nur ungern verändern: »Der Journalismus ist vermutlich die langsamste, am stärksten an Traditionen gebundene Profession in Amerika«, man weigere sich, »nachzugeben, bis man von einer unwiderstehlichen externen Kraft in die Zukunft katapultiert wird.«

Die alteingesessenen Reporter und Medienmanager sehen in den Bürger-Journalisten vor allem eine unliebsame Konkurrenz, deren freiwillige und kostengünstige Arbeit ihr Geschäftsmodell untergräbt. Leute wie Ariana Huffington beklagen sich bitter über diese ängstlich-arrogante Haltung: »Die traditionellen Medien müssen einfach realisieren, dass die Online-Welt nicht ihr Feind ist, sondern dass sie vielmehr ihre Rettung sein kann, wenn sie sich entschließen, sich ganz und gar darauf einzulassen.« Fast jede Zeitung hat inzwischen ebenfalls Blogs und Podcasts. Auch CNN versuche, die Vorteile beider Journalismen zu fusionieren, sagt CNN-Nachrichtenchef David Bohrman. Auf diese Weise will sich der Sender an das neue mediale Ökosystem anpassen, an die veränderten Naturgesetze, Trägheitsmomente und Tempolimits. Gemeinsam mit YouTube veranstaltete CNN ein TV-Duell mit einem revolutionären Konzept: Früher standen die Kandidaten in solchen Debatten hinter halbkreisförmig in den Studios verteilten Pulten und beantworteten abgesprochene Fragen der Journalisten mit auswendig gelernten Statements – ein jahrzehntealtes Ritual. Bei den »CNN/YouTube Debates« war alles anders. »Normale« Amerikaner hatten die Möglichkeit, sich über das Videoportal mit ihren Fragen direkt an die Politiker zu wenden. Nun sah man eine Frau mit ihrem Kind auf dem Schoß, die fragte: »Warum habe ich keine Krankenversicherung?« Ein Mann mit einem Gewehr wollte wissen, wie die Kandidaten zur Waffengesetzgebung stünden. Und ein Cartoon-Schneemann fragte, wie sie sein Kind vor der Klimaerwärmung zu retten gedächten. Die Bürger stellten Fragen, die ihr Leben betrafen, ausnahmsweise ging es einmal nicht um die richtige Taktik oder den Versprecher der vergangenen Wochen, so bekam die Debatte einen neuen, authentischen Look: Die Kandidaten sahen ihre Wähler und antworteten, eine Art-2.0-Version der traditionellen Townhall-Meetings, die im Zeitalter der Massenmedien ausgestorben sind. »Wir können vom Internet sicher auch profitieren«, sagt Bohrman, »es rückt uns näher an die Menschen heran.« Auf der CNN-Plattform iReport können die Nutzer nun ihre Videos einsenden. Die Idee ist ganz ähnlich wie hinter Video the Vote: »Wenn jemand eine lange Schlange vor einem Wahllokal sieht, kann er sich an uns wenden«, erklärt Bohrman. Solche Bilder hatte CNN am Super Tuesday noch von der digitalen Konkurrenz übernehmen müssen.

Video-the-Vote-Gründer Inaba sieht sein Projekt auch gar nicht als Konkurrenz zu den Mainstream-Medien, sondern als sinnvolle Ergänzung. »Sie haben die Reichweite, wir haben die Masse an Mitarbeitern.« Er will die Zeitungen und TV-Sender nicht abschaffen, er hat nur ein Ziel, das einfach klingt und doch unendlich weit weg zu sein scheint: »Ich möchte, dass die Medien vollständige, wahre und wichtige Informationen liefern.«

Anmerkungen

1 Timothy Crouse: *The Boys on the Bus*, Ballantines 1974, S. 8.
2 Vgl. Project for Excellence in Journalism: »The invisible primary – invisible no longer. A first look at coverage of the presidential campaign 2008«; Die Studie ist online verfügbar unter: {http://journalism.org/node/8187} (Stand: Juli 2008).
3 Andrew Tyndall schreibt in seinem Weblog über TV-Nachrichten und Medientrends. {http://tyndallreport.com}.
4 Die interaktiven Karten, Tabellen und Grafiken sind online verfügbar unter {ww.huffingtonpost.com/p/huffposts-offthebus-superdeleg.html} (Stand Juni 2008).
5 Benedict Anderson: *Die Erfindung der Nation. Zur Karriere eines folgenreichen Konzepts*, Campus 2005, S. 41.
6 Dan Gillmor: *We the Media. Grassroots Journalism By the People, For the People*, O'Reilly 2004.

Der Tag danach

Die Webseite Mittromney.com läuft auch 100 Tage nach dem Super Tuesday noch auf vollen Touren. »True strength for America's future« – steht als kämpferische Überschrift im oberen Drittel der Seite. Obwohl Romney, der Gouverneur von Massachusetts, bereits im Februar 2008 seine Niederlage im Republikanischen Vorwahlkampf gegen John McCain einräumte, wirbt die Webseite weiter für ihn als Präsidenten, erklärt seine Position zur allgemeinen Krankenversicherung, beeindruckt mit Flash-Grafiken und zeigt den (Ex-)Kandidaten in präsidialer Pose vor der amerikanischen Flagge – seine weißen Zähne und silbernen Haare blitzen aus dem Bildschirm heraus. Auch die Web-Werbe-Vehikel Hillaryclinton.com und Rudygulliani.com sind im Sommer 2008 noch online, strahlen und funkeln wie in den besten Tagen, als der Kampf noch offen und alles möglich war. »Hillary 4 President«, wünscht sich eine Grafik auf der Homepage der Senatorin. Die Internet-Heimat der unterlegenen Kandidaten ist ein Relikt aus einer längst vergangenen Ära und strahlt eine gewisse Melancholie ab, wie ein verfallenes Gebäude, in dem man noch das Echo der vergangenen Aktivitäten zu spüren meint, wie ein einsamer Roboter, der von seinen Erbauern auf einem Planeten zurückgelassen wurde, und seine Botschaft in die Weiten des Weltalls funkt: Hallo? Ist da jemand?

Die digitalen Ruinen geben nicht nur Auskunft über die Überzeugungen von Politikern, die zumindest im Jahr 2009 nicht ins Weiße Haus einziehen und ihre Überzeugungen umsetzen werden, sie stellen auch eine Frage: Was fängt man mit all der sozialen Energie, die man über Webseiten und Netzwerke im Wahlkampf gesammelt hat, an, wenn die Kampagne vorbei ist und die eigentliche Regierungsarbeit beginnt? Howard Dean machte 2004 aus den Weblogs und E-Mail-Listen die Organisation Democracy for America, ein Netzwerk, das helfen soll, liberale Politiker in ganz Amerika zu unterstützen. John Kerry hatte am Ende seines Wahlkampfs gegen George W. Bush mehr als 800 000 E-Mail-Adressen gesammelt, er schreibt seinen Anhängern immer noch gelegentlich und bittet um eine kleine Spende. Ron Paul, der 2008 mit seinem Wahlkampf gegen das System, die Globalisierung, den Irakkrieg und die föderalen Steuern mehr als 900 000 Namen gesammelt hat, beschwerte sich kürzlich in einem Interview, das Republikanische Establishment sei gar nicht an seiner Fan-Basis interessiert. Die alten Eliten in Washington sind also unsicher, wie sie mit den vielen Menschen, die im Wahlkampf aktiviert und organisiert wurden, umgehen sollen – als spürten sie eine Gefahr, die von den virtuellen Massen ausgeht.

Die elektronische Demokratie

Die Vorwahlen 2008 haben bewiesen, wie wertvoll das Internet als Fundraising- und Organisationswerkzeug sein kann. Doch wie geht es nun weiter? Kann man nach der Wahl zum Regierungs- und Kommunikationsstil des 20. Jahrhunderts zurückkehren, wenn man einmal eine Kampagne aus dem 21. geführt hat? Erst die folgenden Jahre und Legislaturperioden werden zeigen, ob das Internet mit seiner inhärenten Interaktivität und Transparenz dauerhaft und jenseits der Wahlkampf-Euphorie zu einer Revitalisierung der Demokratie beitragen kann – und ob wir an der Schwelle zu jener elektronischen Republik stehen, von der derzeit in den USA so viel geredet wird.

Wikipedia definiert den Begriff »E-Democracy« als »Vereinfachung und Durchführung von Prozessen der Information, Kommunikation und Transaktion innerhalb und zwischen der Legislative, den Bürgern, Unternehmen und anderen staatlichen Institutionen mit Hilfe der Informationstechnologie«. Kern des Konzepts ist es weniger, dass Staatsbürger mit Mausklicks ihren politischen Willen artikulieren, es geht vielmehr darum, die Werte der Netzwerke und Open-Source-Projekte in die politische Sphäre zu übersetzen: Zugänglichkeit, flache Hierarchien, kollaborative Produktion, transparente Prozesse. Die Open-Source-Politik steht damit dem traditionellen Politikstil diametral gegenüber. Entscheidungen würden nicht mehr von Einzelpersonen in einem hierarchischen und undurchsichtigen System getroffen, sondern durch Gemeinschaften von betroffenen und interessierten Menschen, die freie, kostenlose und demokratische Werkzeuge benutzen. »Bei der Open-Source-Politik«, sagt Simon Rosenberg, »geht es nicht um MySpace-Seiten oder darum, einen Blogger anzustellen, sondern um eine neue Form von Leadership.« Erik Grossman, der Autor des Buches *The Electronic Republic*, sieht im 21. Jahrhundert die dritte Phase der demokratischen Evolution anbrechen: »Aus der ursprünglichen direkten Demokratie wurde mit der Zeit die repräsentative, und die neuen elektronischen Medien bescheren uns nun eine Renaissance der vernetzten direkten Demokratie: Die Telekommunikationstechnologie eröffnet jedem Bürger die Möglichkeit, die Themen, die ihn interessieren, auf die öffentliche Agenda zu setzen und mit Experten, Politikern und Mitbürgern zu diskutieren.«[1]

Das politische Internet weckt also utopische Energien, wobei dem World Wide Web schon öfter das Potential zugeschrieben wurde, die Welt retten zu können. Ende der Neunziger schien mit der New Economy ein Zeitalter des endlosen Wachstums und des unendlichen Wohlstands ausgebrochen zu sein. Die Kurse stiegen, die Server brummten, man versprach den Menschen Kühlschränke mit einer Standleitung zum Supermarkt, sodass die Milch niemals zur Neige gehen und auf ewig fließen würde. Wir wissen, wie die Geschichte ausgegangen ist. Hat die digitale Technologie im 21. Jahrhundert also wirklich ein emanzipatorisches und revolutionäres Potential? Oder wird auch die politische Internet-Blase am Ende platzen?

Die Idee der E-Democracy zielt auf wirkliche Partizipation und virtuelles Regieren, bislang haben wir es jedoch eher mit einer E-Bürokratie zu tun, mit Service, Bürgernähe und der Optimierung des Verwaltens. Die Administration gibt keineswegs Macht oder Deutungshoheit ab, dafür werden die Warteschlangen in den Behörden verkürzt, man kann Formulare aus dem Internet herunterladen, Kfz-Kennzeichen beantragen oder eine Demonstration anmelden. Der Schwerpunkt liegt bislang eher auf einfachen Dienstleistungen als auf wirklichen Beteiligungsmöglichkeiten.[2] Dabei hatte das Pentagon noch im Jahr 2004 allen im Ausland stationierten Soldaten die Stimmabgabe per Internet ermöglichen wollen. Als Computerwissenschaftler bei der *Washington Post* auf Sicherheitsrisiken hinwiesen, musste das 22-Milllion-Dollar-Projekt abgeblasen werden. Trotz TANs und digitalen Signaturen konnte niemand ausschließen, dass das Wahlgeheimnis verletzt oder die Ergebnisse manipuliert werden könnten. Außerdem war angesichts der sogenannten »digital divide« (nicht alle sozialen Schichten gehen gleich selbstverständlich mit dem Internet um) das allgemeine Wahlrecht gefährdet.

Geschichte wird gemacht

Noch weiß niemand, was in zukünftigen Geschichtsbüchern über die Wahlen von 2008 stehen wird. Vielleicht werden die Historiker über den ersten Afro-Amerikaner schreiben, der es 233 Jahre nach der Unabhängigkeitserklärung an die Spitze des Staates schaffte, vielleicht werden sie von politischer Erneuerung berichten oder gar von jenem mystischen »Moment des Wandels«, den Barack Obama immer wieder beschwört, den Augenblick also, in dem Amerika sich entschließt, sich wieder für soziale Gerechtigkeit, internationales Recht und das globale Klima zu interessieren. Vielleicht werden die Wähler in diesem Jahr den alten amerikanischen Traum ins 21. Jahrhundert hinüberretten – wie gesagt: vielleicht. Doch eins scheint sicher: Die zukünftigen Historiker werden rückblickend einen signifikanten Zuwachs an politischem Interesse registrieren. Die Demokratie befindet sich in den USA schon lange in der Krise. Die Wahlbeteiligung lag Ende des 20. Jahrhunderts regelmäßig bei etwa 50 Prozent, das Niveau der öffentlichen politischen Diskussionen ist längst auf dem der Talkshows angekommen. Im Jahr 2008 scheint eine Trendwende erkennbar: Die Menschen verfolgen die Politik wieder mit mehr Leidenschaft, sie haben realisiert, dass etwas fundamental schiefläuft. 81 Prozent der Amerikaner gaben in einer Umfrage an, ihr Land befände sich auf dem falschen Pfad – der höchste Wert in der langen Geschichte der traditionsreichen gemeinsamen Umfrage von der *New York Times* und CBS. Curtis Gans, der Direktor des Committee for the Study of the American Elections, berichtet über einen »historischen Rekord bei der Wahlbeteiligung an den Vorwahlen«. Die Demokratische Partei gibt an, dass 35 Millionen Menschen beim Rennen zwischen Hillary Clinton und Barack Obama mitgemacht haben – der Zuwachs lag zwischen 18 Prozent in Arkansas und über 2 000 Prozent in Kansas.[3] Insgesamt haben sich bis Mai 2008 mehr als 3,5 Millionen Amerikaner erstmals als Wähler registrieren lassen. Für die Präsidentschaftswahl im November 2008 erwarten Analysten erstmals seit Jahrzehnten eine Wahlbeteiligung von über 60 Prozent.

Diese Steigerung des politischen Interesses liegt sicher nicht allein an Online-Phänomenen wie DailyKos, der *Huffington Post* oder MoveOn und hat vermutlich auch wenig mit der immer wieder geäußerten Vermutung zu tun, nach der das Internet aufgrund seiner interaktiven und genuin demokratischen Natur automatisch zu mehr politischem Interesse und staatsbürgerlichem Engagement führe. Skeptische Beobachter wie der deutsche Protestforscher Dieter Rucht weisen zu Recht darauf hin, dass nur ca. 0,5 Prozent aller Webseiten explizit politische Inhalte aufweisen, die meisten Menschen das Netz nach wie vor nutzen, um auf Amazon.com zu shoppen, die Digitalbilder einer wilden Party auf die MySpace-Seite zu stellen sowie um – möglicherweise illegale – Software und Filme herunterzuladen. Langfristige Studien belegen zwar, dass Internet-Nutzer politisch aktiver sind, sie zeigen aber auch, dass nicht das Netz dieses Interesse hervorbringt, sondern dass die User im Vergleich zu Computer-Muffeln grundsätzlich stärker an Politik interessiert sind. Anders ausgedrückt: Ohnehin gut informierte Menschen lernen noch mehr über Politik, schlecht informierte verbleiben auf ihrem niedrigen Niveau.[4]

Trotzdem ist die Technologie, die es Bürgern erlaubt, Information zu suchen und mit anderen zu teilen, ein wichtiger Faktor des gesellschaftlichen *momentum*, das für den plötzlichen Anstieg des politischen Engagements und der Wahlbeteiligung verantwortlich ist. »Wir haben es nicht bloß mit einem vorübergehenden Trend zu tun«, schreibt Matt Bai, »sondern mit einer Veränderung des politischen Lebens in Amerika.«[5] Der wichtigste Grund dafür ist für den Journalisten ein Phänomen, das er als »devaluation of expertise« bezeichnet: Die Menschen hören nicht länger auf Banker oder Ärzte, vielmehr geben sie sich in Online-Foren Anlagetipps und erstellen in medizinischen Foren wie WebMD selbst Diagnosen. »Heute vertraut niemand mehr den Experten. Warum sollten Politiker von dieser Entwicklung ausgenommen sein?«, fragt Matt Bai. Er spricht des Weiteren von einer tief greifenden »Sehnsucht nach menschlichen Bindungen«: »Am Ende des 20. Jahrhunderts erwarteten die Amerikaner nichts mehr von jenen öffentlichen und politischen Institutionen, die noch für ihre Eltern und Großeltern gesorgt hatten. In dieser Situation der Isolation begannen sie, nach einem Gefühl der Gemeinschaft zu suchen.«[6]

Die nächste Generation

Mehr als 4000 Kilometer von Washington entfernt sitzt Joe Green in seinem Büro und arbeitet an der zukünftigen Architektur des demokratischen Lebens. Der 24-jährige Green hat in Harvard studiert und arbeitet neben seinem Job bei dem Venture Capital-Firma FoundersFound an der Politisierung des sozialen Netzwerks Facebook mit seinen mehr als 70 Millionen Nutzern. »Facebook ist ein zentraler Bestandteil bei der Lebensplanung und beim Identitäts-Management meiner Generation«, sagt er, »es gibt keinen besseren Ort, um über Politik zu sprechen.« Zusammen mit Sean Parker, dem Mitbegründer der legendären Musiktauschbörse Napster, gründete Green deshalb Facebook Causes (dt. etwa die gute Sache), eine Software-Applikation, die in das soziale Netzwerk integriert ist, und es den Nutzern einfacher macht, eine politische Kampagne oder eine gute Sache zu unterstützen, oder eine große Anzahl von Menschen auf einen Missstand aufmerksam zu machen. Mit einigen Klicks startet man einen Cause, schreibt ein »Mission Statement« auf die Seite, stellt ein paar Bilder dazu und lädt Freunde und Bekannte ein, bei der Mission mitzumachen, Geld und Aufmerksamkeit zu sammeln. Eine Einzelperson kann eine große Bewegung mit großer Dynamik starten. Eric Ding, ein Medizinstudent aus Harvard, gründete zum Beispiel den Cause »Support the Campaign for Breastcancer Research« und versammelte ohne Hilfe von Konzernen oder Medienunternehmen mehr als 3,5 Millionen Menschen um das Thema, die bislang mehrere 10000 Dollar spendeten. »Die Sache ist ohne mein Zutun immer größer geworden«, sagt Ding, »ich habe es an meine Freunde geschickt, die haben es an ihre Freunde weitergeschickt, die es wieder an ihre Freunde weitergeschickt haben.« Die Online-Organisation hat innerhalb weniger Monate mehr Mitglieder gewonnen als die traditionellen Charity-Institutionen, die sich im Kampf gegen Krebs engagieren. Es gibt auf Facebook Aktionen gegen Alzheimer, den Genozid in Darfur oder Obdachlosigkeit in Paris – ein Kosmos aus globalen und lokalen Problemen und Krisen, für die auf Facebook inmitten der Musik, dem Party-Geplapper und den bunten Bildern sehr erfolgreich um Aufmerksamkeit geworben wird.

Das wohlfeile Klagen über die Jugend von heute, die sich angeblich in virtuellen Welten verloren und alle Werte vergessen hat, ist also unberechtigt. Das spiegelt sich auch in aktuellen Zahlen der US-Wahl wider: 6,5 Millionen Amerikaner unter 30 haben sich an den Vorwahlen beteiligt, das sind mehr als doppelt so viele wie 2004. Nach Angaben des Center for Information & Research of Civic Learning and Engineering (CIRCLE) stieg die Wahlbeteiligung damit zum ersten Mal seit 1971 in drei aufeinanderfolgenden Wahlkämpfen.[7]

Im Wahlkampf 2008, schreibt die *New York Times*, wird zum ersten Mal die Generation der Millenials zu einem wichtigen Faktor: 80 bis 95 Millionen Menschen, die zwischen 1980 und der Jahrtausendwende geboren wurden und mit dem Internet und der Globalisierung aufgewachsen sind. Für diese jungen Menschen waren die prägenden Ereignisse nicht der Kalte Krieg oder der Fall der Mauer, sondern die Anschläge des 11. September, der Tsunami im Jahr 2004 und der Hurrikan Katrina, Medien-Katastrophen also, die man live im Fernsehen verfolgen konnte. Als Zielgruppe ist die Kohorte der Millenials genauestens durchleuchtet worden. Man weiß, dass sie selbstverständlich mit neuen Technologien umgehen, über die Fähigkeit verfügen, viele Dinge gleichzeitig zu erledigen, und dass ihre Aufmerksamkeitsspanne niedrig ist. Über ihre politischen Interessen weiß man allerdings sehr wenig.

Dabei sind die Millenials so etwas wie die vergessenen Kinder des amerikanischen Traums, die erste Generation, die mit weniger Geld auskommen muss als die ihrer Eltern. Eine Studie des Center for American Progress hat ergeben,[8] dass sie sich vor allem um Arbeitsplätze, Schulden und die kaum mehr bezahlbare Kranken- und Rentenversicherung sorgen. Die *New York Times* schreibt: »Die wirtschaftliche Unsicherheit hat offensichtlich einen großen Einfluss auf ihre politischen Überzeugungen und ihre Einstellungen gegenüber der Regierung und der Politik überhaupt.« Laut einer Studie des Pew Research Center aus dem Jahr 2008 sympathisieren 58 Prozent der um 1980 Geborenen mit den Demokraten, nur 33 mit den Republikanern. Das Center for American Progress schreibt zum selben Thema: »Die Millenials lehnen die konservative Position ab, nach der die Regierung das Problem darstellt, während liberalisierte Märkte immer automatisch die besten Resultate für die Gesellschaft hervorbringen.«

Joe Green sieht aus wie eine Figur aus dem Bilderbuch der Medien-Klischees, ein Nerd, mit dicken Brillengläsern, blasser Haut und leichtem Übergewicht, der offenbar viel Zeit vor dem Computer verbringt. Der 24-Jährige ist ein typischer Vertreter der Westküsten-Szene der Technologie- und Investment-Genies, denen es nicht reicht, Rendite zu machen, sondern die in Cafés, Studentenwohnheimen und Software-Laboren dafür sorgen wollen, »dass das Land wieder ein bisschen mehr unseren Werten entspricht«. »My generation wants to make a difference«, sagt Green, man wolle etwas verändern. Die Millenials als engagierte und hochgradig politisierte Generation – diese These haben auch die Autoren Neill Howe und William Strauss in ihrem Buch *Millenials Rising – The Next Great Generation* aufgestellt. Die Historiker argumentieren, dass der Lauf der Geschichte von Generationen bestimmt werde. So seien auf die heldenhafte Generation der Jahrgänge 1915-1935, die mit traditionellen Werten und harter Arbeit den Zweiten Welt-

krieg überstanden und den amerikanischen Wohlstand der fünfziger und sechziger Jahre aufgebaut habe, die eher rebellischen Baby Boomer und 68er gefolgt, die nach Freiheitsrechten und individueller Selbstverwirklichung gestrebt hätten. Die sogenannte »Generation X« wiederum habe politisch eher apathische Individuen hervorgebracht. Die Millenials sehen Howe und Strauss nun als neue heldenhafte Generation. »Sie werden sich mit den Dingen auseinandersetzen, die sie für falsch halten [...]. Sie werden eher Optimisten sein als Pessimisten, eher idealistisch als zynisch, sie werden eher an die Wissenschaften glauben als an irgendwelche spirituellen Heilslehren, die Gemeinschaft höher schätzen als die eigenen Interessen, Pflichten betonen anstatt nur auf Rechten zu pochen, sie werden den Begriff der Ehre hochhalten, nicht den des Gefühls und eine Generation der Taten sein, nicht der Worte.«[9]
Auch wenn der Pathos und das allzu schematische Denken der Autoren bisweilen irritiert, so bietet ihr Buch doch einige interessante Einsichten, die sich mit aktuellen Fakten und Zahlen untermauern lassen: Eine Studie der University of California hat ergeben, dass sich 82 Prozent der amerikanischen Highschool-Absolventen des Jahres 2004 sozial engagierten, 1989 waren es lediglich 66 Prozent gewesen. Das mag auch daran liegen, dass solche Aktivitäten neben dem Notendurchschnitt (und dem Bankkonto der Eltern) ein wichtiges Aufnahmekriterium der Elite-Universitäten darstellen. Es ist jedoch durchaus denkbar, dass die Millenials durch das Leben in virtuellen Netzwerken und unter dem Einfluss der wahrgenommenen sozialen Unsicherheit eine Generation sind, die die Exzesse der individuellen Freiheit ablehnt, Solidarität als Wert hochhält, das Gemeinschaftsgefühl wiederbeleben und neue Institutionen aufbauen will – Netzwerker also, keine Ego-Shooter.
Dabei hatte der Politikwissenschaftler Robert Putnam noch im Jahr 2000 in seiner bahnbrechenden Studie *Bowling Alone in America* geschrieben,[10] traditionelle soziale Organisationen wie die Pfadfin-

der oder lokale Partei- und Gewerkschaftsgruppen würden immer mehr an Bedeutung verlieren, da die Menschen ihr Leben individuell gestalten wollten. Dadurch würde, so Putnam, immer weniger soziales Kapitel produziert, das jedoch überlebensnotwendig sei für die Demokratie und den gesellschaftlichen Zusammenhalt. Nun hat es den Eindruck, als ob sich die jungen Menschen eben nicht mehr bei den Boy Scouts engagierten, sondern bei Facebook Causes und anderen neuartigen Initiativen. Die politische und demokratische Bedeutung der sozialen Netzwerke wie MySpace, Facebook oder LinkedIn liegt also weniger in der Tatsache begründet, dass auch Obama und McCain hier Webseiten betreiben, sondern dass die Menschen ein neues Produktionsmittel für soziales Kapital in die Hand bekommen haben, mit dem sie mit einem Klick eine theoretisch unbegrenzt große Zielgruppe erreichen können. »Viele Menschen haben immer noch nicht begriffen, wie stark das Internet sich verändert hat«, erklärt Joe Green. »In den Neunzigern war es noch ein anonymer Raum, die Menschen verwendeten falsche Namen. Heute agieren sie dort mit ihrer wahren Identität. Im Netz wird die Wirklichkeit verhandelt.« Joe Green spricht vom »Netz des Vertrauens«, das zwischen Nutzern bestehe, und das man für politische und soziale Zwecke nutzen könne. Seine Vorbilder sind nicht Bill Gates oder Steve Jobs, die Helden des ersten Computerzeitalters, die den technologischen Wandel genutzt haben, um märchenhaften Reichtum zu erlangen, sondern ein Mann namens Caeser Chavez. »Von ihm habe ich zwei Dinge gelernt«, sagt Green, »erst muss man die Kraft des kollektiven Engagements erkennen. Und dann muss man sie anwenden.« Chavez, ein Schüler des legendären Community Organizers und Graswurzelaktivisten Saul Alinsky, hatte in den sechziger Jahren unter hispanischen, oft illegal in den USA lebenden Landarbeitern die Gewerkschaft United Farmworkers (UFW) gegründet und mit Boykottaktionen deutlich bessere Arbeitsbedingungen durchgesetzt. 1968 unterstützte er Robert F. Kennedy im Wahlkampf. 40 Jahre später ist Chavez wieder en vogue, seine Ideen werden durch Green und seine Kollegen ins 21. Jahrhundert übersetzt. Joe Green sagt: »Man muss bestehende Beziehungen nutzen um eine Bewegung aufzubauen und sich dabei auf Meinungsführer konzentrieren.« Diese Graswurzel-Strategie wird zum neuen Goldstandard der politischen Sphäre. »Die jungen Menschen wollen sich nicht fest an eine Partei binden«, sagt Joe Green, »sie engagieren sich lieber in spezifischen Projekten.« Immer häufiger übernehmen Ad-hoc-Organisationen die traditionellen Aufgaben der Parteien, sie akkumulieren nun Geld, Menschen und Aufmerksamkeit. »Es gibt einen großen Wunsch etwas zu verändern«, sagt Green, »lange Zeit hatten die jungen Leute nicht die notwendigen Werkzeuge dazu. Aber nun bauen wir sie uns einfach selbst. Und wir werden eine Menge erreichen.«

»Sonnenlicht ist das beste Desinfektionsmittel«

Das Büro von Ellen Miller befindet sich im siebten Stock eines Betonturms am Dupont Circle, dem zentralen Ort im Straßennetz sowie der Macht-Infrastruktur von Washington. In den benachbarten Gebäuden sitzen Lobbyisten, Think Tanks und Anwaltskanzleien, die Argumente und Daten sammeln, um Kongress-Abgeordnete auf ihre Seite zu ziehen. Ellen Miller sagt, sie habe einen paradoxen Job: »Ich bin eine Lobbyistin, die dafür kämpft, die Lobbyisten abzuschaffen.« Miller leitet die Sunlight Foundation, deren zentrales Anliegen es ist, »zu verhindern, dass hinter verschlossenen Türen irgendwelche Deals ausgehandelt werden«. Im Foyer hängt ein Bild des Kongresses, darüber steht: »Sonnenlicht ist das beste Desinfektionsmittel.« Das klingt, als wollten Ellen Miller und ihre Mitarbeiter die Kuppel aufbrechen, um die dunklen Gänge und geheimen Kammern auszuleuchten. Dass man bei der Sunlight Foundation an die positive Wirkung der Technologie glaubt, merkt man schon nach wenigen Sekunden. Im Foyer liegt ein solarbetriebener grüner Plastikkasten, einer der berühmten 100-Dollar-Laptops, mit denen NGOs und IT-Millionäre auch den Kindern in Entwicklungsländern die Teilhabe an der digitalen Revolution ermöglichen wollen.

Ellen Miller ist Ende 50, eine elegante Dame mit silbernem Haar, Perlenkette und einem violetten Kostüm. »Das Problem«, sagt sie, »ist nicht, dass Politiker nicht mit den Bürgern kommunizieren.« Die politische Elite produziere ja unablässig Presseerklärungen, Reden, Dokumente, Datensätze – ganze Papierberge. »Das Problem ist, dass sie man sie nicht versteht.« Informationen werden *top down* von den Institutionen an ein passives Publikum vermittelt, Dialog oder Feedback sind nicht vorgesehen. Miller sitzt an ihrem Computer, surft über Webseiten des Kongresses, die Datenbank der Library of Congress, führt den Besucher mit geübten Mausklicks hinein in die Informationslabyrinthe, in denen man sich nur mit Spezialkenntnissen zurechtfindet. »Diese Intransparenz ist der Nährboden für illegale Machenschaften«, sagt sie, »sie gefährdet das Vertrauen in die Demokratie.« Bei der Sunlight Foundation will man die Informationen in einer Art und Weise aufbereiten, die »die Menschen auch verstehen können«.

Bei der Stiftung arbeiten ein paar Dutzend Programmierer und Politikwissenschaftler gemeinsam an Projekten wie Opencongress oder Congresspedia, die den Nutzern helfen sollen, »selbst die Vorgänge im Parlament zu überwachen«. Opencongress und Congresspedia funktionieren ganz ähnlich wie Wikipedia: Experten und Amateure erstellen freiwillig und ohne Bezahlung Dossiers zu den einzelnen Abgeordneten, die über deren Abstimmungsverhalten, Reden und Mitgliedschaften in Gremien informieren, sodass jeder auf den ersten Blick sehen kann, ob sich ein Parlamentarier eher

für Bildungs- oder Verteidigungspolitik interessiert, oder ob er seinen hehren Worten auch Taten im Parlament folgen lässt. Die von Wikipedia vertraute Optik, die Buttons, blauen Links und klickbaren Indizes sorgen dafür, dass man sich in dem fremden Universum US-Kongress intuitiv orientieren kann. Die Stiftung unterstützt fast ein Dutzend solcher Projekte. Auf der Seite Fortune 535 listet sie die Einkommen der Abgeordneten auf, damit die Nutzer überprüfen können, ob die Volksvertreter seit ihrem Einzug in den Kongress plötzlich deutlich mehr verdienen. Die reichste Kongress-Abgeordnete ist die kalifornische Demokratin Jane Hanman mit einem Vermögen von 410 Millionen Dollar. »Solche Informationen schwirrten auch schon vorher im Netz herum«, erklärt Miller, »schließlich sind die Parlamentarier verpflichtet, ihre Einnahmen offenzulegen. Sie machen das aber oft in Akten mit Hunderten von Seiten, sodass man sofort den Überblick verliert.« Die Stiftung aggregiert diese Daten, wertet sie über Wikis aus oder verknüpft sie mit Google Maps, um komplexe Zusammenhänge zu illustrieren. »Wenn wir ein Gesetz mit einem Google-Earth-Link versehen und der Nutzer sieht, dass es 20 Kilometer von seinem Zuhause Wirkungen entfaltet, dann spüren die Leute, dass der Gesetzgebungsprozess sehr viel mit ihrem Alltag zu tun hat«, erklärt Miller.
Auf der Seite Punchclockvote (dt. etwa die Stechuhr-Wahl) werden die Termine und Reisen der Abgeordneten ebenfalls über Google Maps illustriert, im Rahmen des Projekts Revolving Doors dokumentieren Miller und ihr Team die Tatsache, dass die Senatoren und ihre Mitarbeiter nach ihrer Zeit im Kongress oft für genau die Firmen arbeiten, die sie vorher kontrollieren sollten. So werden Kungeleien, Abhängigkeiten und Interessenkonflikte innerhalb des politisch-industriellen Komplexes sichtbar. »Wir wollen genauso viel über die Politiker wissen, wie sie über uns«, sagt Ellen Miller, und ist sich sicher: »Wenn wir die Zugangsschranken zu Daten und Themen senken, dann engagieren sich die Leute auch wieder stär-

ker politisch.« Auf Congresspedia finden tatsächlich sehr lebhafte Debatten über Senatoren und komplizierte Gesetzestexte statt. Die interaktiven Grafiken und Datenbanken der Sunlight Foundation und anderer Non-Profit-Dienste bieten nicht nur Informationen, sondern stehen klar in der alten Idee der liberalen Demokratie: Es ist die öffentliche Diskussion und das Ringen um die besten Argumente, die der Politik Legitimation verschaffen.

Open-Source-Gesetzgebung

Das Kapitol thront auf seinem Hügel wie eine uneinnehmbare Burg. Mit den Säulen und der riesigen Kuppel erinnert es an den Petersdom, und manchmal hat man tatsächlich den Eindruck, als sei auch hier eine winzige Elite damit beschäftigt, für alle Menschen verbindliche Regeln des guten Lebens festzulegen. Die Senatoren und Abgeordnete des Repräsentantenhauses sitzen in ihren Büros »on the Hill« und sind nicht nur durch Sicherheitsschleusen und Straßensperren von der Realität des Landes getrennt. Medienarbeit und Wahlkampfauftritte, so klagen Insider wie Karina Newton, die im Büro von Nancy Pelosi, der Demokratischen Mehrheitsführerin im Abgeordnetenhaus arbeitet, lassen den Volksvertretern kaum noch Zeit, um ihre Wahlkreise zu besuchen. »Wir haben ein positives Problem«, sagt Newton, »Millionen von Menschen versuchen in Kontakt mit der Regierung zu treten. Aber wir können beim besten Willen keine 10 000 E-Mails am Tag lesen.« Es ist also nicht so, als gäbe es im Inneren der Polit-Burg kein Problembewusstsein. Die Politiker bekommen allerdings kaum noch etwas mit von den Werten und dem Alltag der Bürger, deren Willen sie repräsentieren und in Gesetzesform bringen sollen.

Manchmal laden die Mitarbeiter der Abgeordneten dann Sasha Meinrath vom Think Tank New America Foundation ein, um mit ihm über die Zukunft der Interaktion zwischen dem Volk und seinen Vertretern zu diskutieren. Meinrath arbeitet erst seit Ende 2007 in Washington, davor hatte er im Mittleren Westen WLAN-Netzwerke eingerichtet und Open-Source-Software programmiert.

Wenn man ihn fragt, inwiefern ihn diese Jobs auf politische Aufgaben vorbereitet haben, schaut er den Besucher an, als habe dieser rein gar nichts verstanden. Der Open-Source-Gedanke sei doch ebenfalls ein offenes, demokratisches Projekt! Der Quellcode einer Software sei nie wirklich fertig, er gehöre keiner Firma und keinem Erfinder, sei vielmehr allen zugänglich. Dann fallen wieder die Zauberworte der Netzaktivisten: Interaktivität, Transparenz, offener Zugang zu Informationen. Meinrath gerät ins Schwärmen, wenn er darüber redet. Er macht eine Pause, sagt dann: »Der politische Betrieb ist heute das genaue Gegenteil von Open Source. Es geht um Kontrolle: Kontrolle der Kandidaten, Kontrolle der Botschaft, Kontrolle der Bürger.« Er verachtet den politisch-industriellen Komplex mit seinen Beratern, Spin Doctors und Lobbyisten: »Das Establishment muss endlich aufhören, den Input der Öffentlichkeit als ärgerliche Störung zu betrachten.«

Meinrath ist sich sicher, dass die Founding Fathers wie George Washington, Thomas Jefferson oder Benjamin Franklin, auf die sich die professionellen Patrioten in Reden und TV-Spots so gerne berufen, »entsetzt wären über den Mangel an offener Debatte und die Zentralisierung der Macht«. Open Source, philosophiert Meinrath weiter, hätte den Gründungsvätern wahrscheinlich ziemlich gut gefallen. »Amerika wurde schließlich durch eine Copyright-Verletzung gegründet«, sagt Meinrath, »der englische König hatte alle Druckerpressen lizensiert und wollte so die Medien und Meinungen kontrollieren. Sich dagegen zu wehren, galt damals als patriotisch.«

Wiederholt sich im Cyberspace nun die Geschichte? Open-Source-Programmierer und -Ideologen wie Sasha Meinrath arbeiten an einer Struktur, mit dem das Internet helfen soll, Interessen zu artikulieren – oder gar als Oberfläche für einen kollaborativen Gesetzgebungsprozess zu dienen. In vielen Staaten gibt es bereits die Möglichkeit Online-Petitionen einzureichen. Auf der Homepage des englischen Parlaments kann zum Beispiel jeder Bürger einen Vorschlag ins Netz stellen, den die anderen Nutzer dann unterstützen können. 2006 wurden unter petitions.pm.gov.uk mehr als 29 000 virtuelle Bürgerbegehren initiiert – die Themen reichten vom Abzug aus dem Irak bis zu sehr detaillierten Reformen des Vermögensrechts. Bis zu 9,5 Prozent der Wahlberechtigten unterzeichneten zumindest eine dieser Petitionen.

Sasha Meinrath denkt noch einen Schritt weiter und fragt sich, ob man mit Hilfe des Open-Source-Prinzips nicht auch die Gesetzestexte selbst verbessern könnte. Erfolgreiche Projekte wie Wikipedia oder Linux haben bewiesen, dass disperse Gruppen durch Kollaboration qualitativ hochwertige und verlässliche Texte schreiben und Strukturen errichten können. Und auch bei Gesetzen handelt es sich ja um riesige Dokumente, deren Komplexität selbst Experten oft nicht mehr durchschauen. Da sei es doch eigentlich eine naheliegende Idee, so Meinrath, dass größere Gruppen gemeinsam daran arbeiten. »Open-Source-Software entsteht auch, indem sehr viele Menschen an einzelnen Baustellen basteln. Die erfolgreichsten Ideen setzen sich durch.« In den USA finden zur Zeit die ersten Experimente im Bereich Open-Source-Legislation statt. So hat das Projekt Publicmarkup.org, das unter anderem von der Sunlight Foundation unterstützt wird, im Jahr 2008 mit einer Gruppe von mehr als 150 Personen den «Transparency in Government Act« verfasst, der erste Gesetzestext, der auf computervermittelter Zusammenarbeit basiert. Hierbei kann zwar nicht jeder Leser/Nutzer den Text verändern, er kann aber Formulierungen farbig markieren und zur Debatte stellen. »Wenn der Kongress alle Gesetze vor dem Beschluss online stellen würde«, träumt Meinrath, »dann könnte man nicht nur das Expertenwissen und die Alltagserfahrung in die Debatte einbringen, sondern würde auch dokumentieren, wer welche Positionen vertritt« – das Gesetz als Dokumentation seiner eigenen Entstehung.

Wir sind das Volk

Im Sommer 2008 geht in Washington das Gerücht um, John McCain versuche, Bill Gates, den Gründer von Microsoft und reichsten Mann der Welt, als seinen Vizepräsidenten zu gewinnen. Wie könnte der 72-Jährige auch besser beweisen, dass er fit ist für die digitale Ära, als durch ein Bündnis mit dem Mann, dessen Produkte und Ideen die Art und Weise, wie Menschen auf der ganzen Welt im 21. Jahrhundert arbeiten und leben, entscheidend beeinflusst haben. Andererseits hat Microsoft in der Internet-Szene einen schlechten Ruf. Idealistische Nerds kritisieren die Copyright-Politik und die Monopolstrategie des Unternehmens und setzen lieber auf Open-Source-Produkte wie Firefox und Linux. Menschen wie Sasha Meinrath würden wohl sagen, Gates passe zu McCain, beide seien Anhänger einer zentralisierten, autoritären Ideologie – der Computer als Metapher. Die *New York Times* verglich die Demokratischen Kandidaten Obama und Clinton in einem Essay anhand der konkurrierenden Computersysteme Microsoft und Apple und den Werten, die man der Software zuordnet: Hillary Clinton sei wie Microsoft: erfolgreich, mächtig und süchtig nach Kontrolle, während Obama eher an Apple erinnere: gutes Design, brillantes Marketing, intuitiver Zugang.

Barack Obama hat seinen Anhängern nicht nur eine allgemeine Krankenversicherung und den Abzug aus dem Irak versprochen, sondern auch eine neue, offene Politik. Schwer zu sagen, welches Versprechen schwerer einzulösen ist. »Wird er die Regierungspolitik genauso verändern wie den Wahlkampf?«, fragte die *New York Times*. Wird Obama also der erste Präsident des Internet-Zeitalters und der digitalen Demokratie? Der Senator hat für den Fall eines Wahlsieges einige Reformen angekündigt, die einen neuen, progressiveren Zugang zum Regieren, aber auch zur Technologie vermuten lassen. So soll sich ein Chief Technology Officer in seinem Kabinett um Fragen des technologischen Fortschritts und dessen Auswirkungen auf den Alltag der Menschen kümmern. In einer »googlebaren« Datenbank will er Angaben zu den Ausgaben der Bundesregierung ins Netz stellen. Obama hat außerdem angekündigt, er werde einen Blog schreiben und seinen Wählern bei Online-Fireside-Chats erklären, wie die Politik funktioniert. Darüber hinaus will er jeden Gesetzesentwurf, der keinen Notfall behandelt, einige Tage lang im Internet veröffentlichen, damit Bürger, Wissenschaftler und Firmen den Text lesen und kommentieren können.

Die Online-Lesung der Gesetzes klingt nach einer weitreichenden Umsetzung der Ideen der Open-Source-Szene. Ob das Versprechen wirklich umgesetzt wird, muss sich noch zeigen. Denn Obama ist nicht nur ein Online-Revolutionär, sondern, und das hat er oft genug bewiesen, auch ein machtbewusster und taktisch denkender Politiker, der sicher weiß, dass Transparenz und Kommunikation ab einem gewissen Grad der Effizienz abträglich sein können. Doch wie würden Blogger und Online-Aktivisten auf einen Präsidenten Barack Obama reagieren, der sich als »ganz normaler Politiker« entpuppt? Das Magazin *The Atlantic* vermutet, dass die Netz-Basis das Internet und ihre neue Macht gegen ihr eigenes Idol einsetzen würden: »Die Netz-Aktivisten waren wie ein Turbolader für Obamas Kandidatur. Jetzt könnten sie sich als ein Hindernis erweisen und sein Handeln als Präsident blockieren.« Ein erster Konflikt zwischen Obama und den Netroots entzündete sich im Juli 2008 an der Senatsabstimmung über den »Foreign Intelligence

Surveillance Act« (FISA), ein Gesetz, das es der Exekutive erlaubt, Telefongespräche, E-Mail-Kommunikation und andere Datentransfers abzuhören. Obama hatte angekündigt im Interesse der nationalen Sicherheit für den Mega-Lauschangriff zu stimmen. Prompt bildete sich auf myvbarackobama.com eine Gruppe mit dem Namen »Please vote no«, die innerhalb einer Woche auf mehr als 20 000 Mitglieder anwuchs. Das Beispiel zeigt, dass eine offene Plattform wie mybarackobama.com neben Geld und Energie auch Widerstände und Friktionen produzieren kann. Obama musste lernen, dass die Netroots ihren eigenen Kopf haben und sich im Konfliktfall nicht scheuen, gegen den Demokratischen Kandidaten zu agitieren. Dabei entstehen seltsame Allianzen: Konservative Blogger und Anhänger von Ron Paul initiierten zusammen mit der linken Community von Firedoglake und Dailykos eine »Money Bomb« gegen das FISA-Gesetz und sammelten mehrere Hunderttausend Dollar. Auch das gehört zu der Zukunft der vernetzten Politik: Menschen, die sich über Glasfaserkabel und iPhone zu Ad-hoc-Koalitonen zusammenschließen und versuchen, Legislative und Exekutive zu beeinflussen. Eine Art fünfte Gewalt: die Online-Bürgerwehr.

Viele Politiker und Experten sehen dieser Entwicklung mit geteilten Gefühlen zu. Es mag ein Trost sein, dass die neuen Möglichkeiten und Gefahren Thomas Jefferson wohl kaum den Schlaf geraubt hätten. Er schrieb im Februar 1787 in einem Brief an Abigail Adams, die Gattin von John Adams, dem zweiten Präsident der USA:

> »Der Geist des Widerstands gegen die Regierung kann in bestimmten Situation so wertvoll sein, dass ich wünschte, man könnte ihn ewig am Leben erhalten. Sicherlich wird er sich oft zu Unrecht Bahn brechen, aber das ist immer noch besser, als wenn er sich überhaupt nicht regt. Mich erfreut hier und da eine kleine Rebellion. Sie ist wie ein Sturm in der Atmosphäre.«[11]

Anmerkungen

1 Lawrence K. Grossman: *The Electronic Republic – Reshaping American Democracy for the Information Age,* Viking/Allen Lane, 1996, S. 48.

2 Vgl. dazu Andreas Bauer: »E-Demokratie – neue Bürgernähe oder virtuelle Luftblase?«, in: *Aus Parlament und Zeitgeschichte* (26. April 2004), S. 3.

3 Vgl. dazu etwa Marc Ambinder: »The Democratic Surge«, online verfügbar unter: {marcambinder.theatlantic.com/archives/2008/05/the_democratic_surge.php} (Stand: Juli 2008).

4 Ein langfristiges Forschungsprojekt zu den Auswirkungen des Internet auf das politische Kommunikationsverhalten der Menschen führt aktuell die Technische Universität Ilmenau durch. Die Ergebnisse sind online verfügbar unter: {http://www.tu-ilmenau.de/fakmn/Forschung.4378.0.html} (Stand: Juli 2008).

5 A.a.O., S. 134.

6 Ebd.

7 Die aktuelle CIRCLE-Studie zur Beteiligung von jungen Wählern an den Vorwahlen 2008 ist online verfügbar unter: {www.civicyouth.org/PopUps/FactSheets/FS_08_primary_summary.pdf} (Stand Juli 2008).

8 David Madland/Amanda Logan: »The progressive generation. How young adults think about the economy«; die Studie des Center for American Progress ist online verfügbar unter: {www.americanprogress.org/issues/2008/05/progressive_generation.html} (Stand Juli 2008).

9 Neill Howe/William Strauss: *Millenials Rising – The Next Great Generation*, Vintage 2000.

10 Robert Putnam: *Bowling Alone in America. The Collapse and Revival of American Community*, Simon & Schuster 2001.

11 Thomas Jefferson: »To Abigail Adams (Paris, February 22, 1787)«, a.a.O., S. 30f., hier S. 30.

Zygmunt Bauman

Leben in der flüchtigen Moderne

es 2503. 287 Seiten

Normale Zeitungsleser hätten die Anzeige vielleicht übersehen: »Sechs angesagte Outfits, mit denen Sie der Modeszene im nächsten halben Jahr einen Schritt voraus sind«. Zygmunt Bauman schlägt daraus theoretische Funken: Wer heute noch die Chuzpe hat, »Ich« zu sagen, sollte schneller sein als die anderen. Doch Achtung: Die Befriedigung hat ein Verfallsdatum – die nächste Frühjahrskollektion kommt bestimmt. In sechs Studien, die auf Vorlesungen am Institut für die Wissenschaften vom Menschen in Wien zurückgehen, greift der brillante Essayist seine großen Themen wieder auf: Ethik, die Erinnerung an den Holocaust, Europa, Kunst und Freiheit in der flüchtigen Moderne.

Zygmunt Bauman, geboren 1925 in Posen, lehrte lange Zeit Soziologie an der University of Leeds. 1998 wurde er mit dem Theodor-W.-Adorno-Preis ausgezeichnet. In der edition suhrkamp erschienen von ihm zuletzt *Flüchtige Moderne* (2003) und *Vom Nutzen der Soziologie* (1999).

NF 366/1/5.08

David Held

Soziale Demokratie im globalen Zeitalter

es 2504. 293 Seiten

Ob Seuchen oder Terrorismus – für globale Probleme gibt es keine nationalen Lösungen. Doch welcher Akteur könnte diese Herausforderungen bewältigen? Für David Held ist dazu nur eine große Koalition aus alten Europäern und liberalen Amerikanern, Entwicklungsländern und sozialen Bewegungen in der Lage. Diesem Bündnis für globale soziale Demokratie hat er ein Grundsatzprogramm geschrieben. Jenseits von Radikalopposition und neoliberalem »Weiter so« entwirft er eine pragmatische Utopie: eine Reform des UN-Sicherheitsrats, die Entwicklung demokratischer Institutionen jenseits des Nationalstaats und den Abbau von Handelsschranken zugunsten der Entwicklungsländer.

»Eine seltene Kombination aus soziologischer Imagination, tiefgründiger Analyse und solider empirischer Evidenz, die in eine konstruktive politische Perspektive mündet: die brillante Synthese von zehn Jahren Forschungsarbeit.«

Jürgen Habermas

David Held, geboren 1951, lehrt Politikwissenschaft an der London School of Economics. Er beschäftigt sich seit mehr als einem Jahrzehnt mit globalen Transformationen.

NF 365/1/3.07

Heinrich Geiselberger (Hg.)

Und jetzt?

Politik, Protest und Propaganda
es 2500. 364 Seiten

Ökonomie und Regierung folgen träge ihren Imperativen, die Mühlen der Reform mahlen langsam, Ohnmacht und postpolitische Resignation machen sich breit. Manchmal flackert im öffentlichen Bewußtsein zwar das Politische auf, doch protestierende Studenten und populistische Präsidenten lösen Standardreaktionen aus: abgeklärten Zynismus und naive Euphorie – dann fallen sie den Konjunkturen der Aufmerksamkeit anheim.
Auch wenn sich die Diagnose vom »Ende der Geschichte« plausibel anfühlen mag, politisierte Konsumenten, Medienaktivisten, Politiker, Gewerkschafter und die Vertreter diverser NGOs versuchen, sie mit neuen Formen der Politik zu widerlegen. *Und jetzt?* bietet eine Bestandsaufnahme über aktuelle Formen der Politik und des Protests, ihre Protagonisten kommen ebenso zu Wort wie Ulrich Beck, Chantal Mouffe und Michael Hardt, Theoretiker, die sich seit Jahren mit der Interpretation unserer Welt und den Möglichkeiten beschäftigen, sie zu verändern.

NF 364/1/5.08

Die Wiener Vorlesungen zu den Wissenschaften vom Menschen im Suhrkamp Verlag

Das Institut für die Wissenschaften vom Menschen (IWM) veranstaltet seit dem Jahr 2000 eine Reihe öffentlicher Vorlesungen, in denen herausragende Denker sich mit zentralen Fragen unserer Zeit auseinandersetzen. Die Vorlesungen erscheinen bei ZNAK (Krakau), Harvard University Press und im Suhrkamp Verlag. Auf deutsch liegen vor:

Zygmunt Bauman. Leben in der Flüchtigen Moderne. Aus dem Englischen von Frank Jakubzik. es 2503. 287 Seiten

Ryszard Kapuściński. Der Andere. Aus dem Polnischen von Martin Pollack. es 2544. 93 Seiten

Paul Ricœur. Wege der Anerkennung. Aus dem Französischen von Ulrike Bokelmann und Barbara Heber-Schärer. 334 Seiten. Gebunden

Charles Taylor. Die Formen des Religiösen in der Gegenwart. Aus dem Englischen von Karin Wördemann. stw 1568. 101 Seiten

NF 371/1/2.08

- Soziologische Fragen. Übersetzt von Hella Beister und Bernd Schwibs. es 1872. 256 Seiten
- Über das Fernsehen. Übersetzt von Achim Russer. es 2054. 140 Seiten

Norbert Elias über sich selbst. A. J. Heerma van Voss und A. van Stolk, Biographisches Interview mit Norbert Elias. Norbert Elias, Notizen zum Lebenslauf. Übersetzt von Michael Schröter. es 1590. 199 Seiten

Elena Esposito. Die Fiktion der wahrscheinlichen Realität. Übersetzt von Nicole Reinhardt. es 2485. 127 Seiten

Wolfgang Fach. Die Regierung der Freiheit. es 2334. 234 Seiten

Anthony Giddens. Entfesselte Welt. Wie Globalisierung unser Leben verändert. Übersetzt von Frank Jakubzik. es 2200. 116 Seiten

Hartmut Häußermann/Dieter Läpple/Walter Siebel. Stadtpolitik. es 2512. 403 Seiten

Wilhelm Heitmeyer (Hg.)
- Deutsche Zustände. Folge 1. es 2290. 304 Seiten
- Deutsche Zustände. Folge 2. es 2332. 320 Seiten
- Deutsche Zustände. Folge 3. es 2388. 300 Seiten
- Deutsche Zustände. Folge 4. es 2454. 320 Seiten
- Deutsche Zustände. Folge 5. es 2484. 300 Seiten
- Deutsche Zustände. Folge 6. es 2525. 308 Seiten

Wilhelm Heitmeyer/Hans-Georg Soeffner (Hg.) Gewalt. Neue Entwicklungen und alte Analyseprobleme. es 2246. 560 Seiten

NF 350/2/4.08

Wolfgang Hoffmann-Riem
- Kriminalpolitik ist Gesellschaftspolitik. es 2154. 232 Seiten
- Modernisierung von Recht und Justiz. Eine Herausforderung des Gewährleistungsstaates. es 2188. 364 Seiten

Barbara Holland-Cunz. Die alte neue Frauenfrage. es 2335. 309 Seiten

Karl Otto Hondrich
- Enthüllung und Entrüstung. Eine Phänomenologie des politischen Skandals. es 2270. 166 Seiten
- Liebe in Zeiten der Weltgesellschaft. es 2313. 176 Seiten
- Der Neue Mensch. es 2287. 222 Seiten
- Wieder Krieg. es 2297. 194 Seiten

Marie Jahoda/Paul F. Lazarsfeld/ Hans Zeisel. Die Arbeitslosen von Marienthal. Ein soziographischer Versuch über die Wirkungen langandauernder Arbeitslosigkeit. Mit einem Anhang zur Geschichte der Soziographie. es 769. 148 Seiten

Franz-Xaver Kaufmann
- Herausforderungen des Sozialstaates. es 2053. 194 Seiten
- Sozialpolitsches Denken. Die deutsche Tradition. es 2321. 208 Seiten
- Varianten des Wohlfahrtsstaats. Der deutsche Sozialstaat im internationalen Vergleich. es 2301. 330 Seiten

Christoph Kucklick. Das unmoralische Geschlecht. Zur Geburt der negativen Andrologie. es 2538. 379 Seiten

Wolf Lepenies. Benimm und Erkenntnis. Über die notwendige Rückkehr der Werte in die Wissenschaften. Die Sozialwissenschaften nach dem Ende der Geschichte. Zwei Vorträge. Redaktion: Rüdiger Zill. Erbschaft unserer Zeit. Band 1. es 2018. 100 Seiten

NF 350/3/4.08

Richard Münch. Die akademische Elite. Zur sozialen Konstruktion wissenschaftlicher Exzellenz. es 2510. 474 Seiten

Elmar Rieger/Stephan Leibfried. Grenzen der Globalisierung. Perspektiven des Wohlfahrtsstaates. es 2207. 410 Seiten

Ludger Pries. Die Transnationalisierung der sozialen Welt. Sozialräume jenseits von Nationalgesellschaften. es 2521. 398 Seiten

Roger Silverstone. Anatomie der Massenmedien. Ein Manifest. Aus dem Englischen von Frank Jakubzik. es 2505. 299 Seiten

Bernhard Zangl/Michael Zürn. Frieden und Krieg. Sicherheit in der nationalen und postnationalen Konstellation. es 2337. 338 Seiten

NF 350/4/4.08